百名学者前瞻中国经济

刘守英 / 主编　　李慧莲 / 执行主编

图书在版编目（CIP）数据

百名学者前瞻中国经济 / 刘守英主编，李慧莲执行主编.
北京：中国发展出版社，2016. 8

ISBN 978-7-5177-0519-2

Ⅰ. ①百… Ⅱ. ①刘…②李… Ⅲ. ①中国经济—经济发展—研究
Ⅳ. ①F124

中国版本图书馆CIP数据核字（2016）第135427号

书　　名：百名学者前瞻中国经济
著作责任者：刘守英　李慧莲
出 版 发 行：中国发展出版社
（北京市西城区百万庄大街16号8层　100037）
标 准 书 号：ISBN 978-7-5177-0519-2
经　销　者：各地新华书店
印　刷　者：北京市庆全新光印刷有限公司
开　　本：720mm × 960mm　1/16
印　　张：19
字　　数：221千字
版　　次：2016 年 8 月第 1 版
印　　次：2016 年 8 月第 1 次印刷
定　　价：58.00元

联 系 电 话：(010) 68990646　68990692
购 书 热 线：(010) 68990682　68990686
网 络 订 购：http: //zgfzcbs.tmall.com
网 购 电 话：(010) 68990639　88333349
本 社 网 址：http: //www.develpress.com.cn
电 子 邮 件：cheerfulreading@sina.com

编委会

“百名学者前瞻中国经济”课题组成员

李慧莲　王　彧　王　南　徐蔚冰　段树军　赵海娟

唐福勇　江宜航　周子勋　曹方超　陈　婧　范　媛

胡　畔　黄俊溢　姜业庆　李海楠　李晓红　刘　慧

吕红星　孟庆一　牛福莲　潘英丽　童　彤　王晶晶

王静宇　王丽娟　王小霞　张丽敏　张　娜　张　炜

张一鸣　赵　姗

序言

PREFACE

国务院发展研究中心主任、研究员　李伟

自2011年以来，中国的经济增长速度逐渐下降，到2015年下降到6.9%以下的水平，这引起了国内外的广泛讨论。对中国未来发展的前景，有人乐观，有人悲观。

我们认为，无需讳言，当前中国经济发展确实面临着一些前所未遇的困难和挑战：劳动年龄人口绝对量下降，老龄化问题日益显现，传统产业和低附加值生产环节的产能严重过剩，粗放式发展产生的生态环境问题逐渐暴露，以创新为驱动力的新增长动力尚未形成，社会对公平正义的诉求日益增强等。但是，我们也应该客观地看到，中国的发展依然有着巨大的潜力、弹性和韧劲：中国的城镇化远未完成，欠发达地区与发达地区存在明显的发展差距，这意味着，在当前和未来相当长的时期内，中国的投资和消费都有很大的增长空间；中国的产业体系完备、人力资本丰富、创新能力正在增强，有支撑未来发展的雄厚基础和良好条件。当前中国经济增长速度呈现的下降态势，只是经济结构转型过程中必然出现的暂时现象，同时这一态势是可控的、可承受的，不会硬着陆。随着结构调整、经济转型不断取得进展，中国经济将在新的发展平台上实现稳定持续的中高速增长。

中央政府已清楚地认识到所面临的挑战，并对经济转型进行了周密部署。未来五年，为推动经济转型、释放发展潜力，中国将以新的发展理念为统领，按照“十三五”规划的部署，通过持续不断地深化改革和扩大开放，建立新的发展方式，形成创新、协调、绿色、开放、共享的发展新格局。

为形成发展新格局，中国将从供给和需求这两侧采取综合措施，在适度扩大总需求的同时，着力加强供给侧结构性改革，促进经济转型。在当前阶段，中国经济发展面临的矛盾，既有需求侧的，也有供给侧的，但主要矛盾集中在供给侧。因此，“十三五”规划把供给侧结构性改革作为重大战略和主线，促进资源得到更合理地配置、更高效地利用，提高生产效率，优化供给结构，为形成发展新格局奠定坚实物质基础。当然，在这里需要强调的是，注重供给侧结构性改革，不是不要进行需求管理。我们还应该采取完善收入分配格局、健全公共服务体制等措施，推动社会实现公平正义，并为国内需求的增长提供强力支撑，使需求和供给在更高的水平上实现良性互动。

“兼听则明”，要想准确把握形势，需要博采众长，深入调研和广泛听取意见。经济形势越是复杂难辨，越是需要从不同视角进行观察。因此，邀请不同领域的学者们，尤其是从事经济研究的专家，从不同角度对一个时期的经济形势进行前瞻预测，对于认清形势、正确应对是十分必要的。《中国经济时报》已连续多年开展“百名学者前瞻中国经济”大型调研。自2013年开展这项调查以来，其每年呈报的调研报告均得到国务院有关领导的批示；同时，也广受社会各界的好评。希望中国经济时报能把这项调查坚持下去，不断深入细化，形成品牌，打造时报的核心竞争力，为国务院发展研究中心建设国际一流的高端智库作出应有的贡献。

是为序。

2016年7月

目录
CONTENTS

保持定力，砥砺前行

（代前言）

国务院发展研究中心副主任、研究员　张军扩

张军扩，1961年生，陕西临潼人。1982年7月毕业于西北大学经济系，获经济学学士学位。1985年5月毕业于华中科技大学经济研究所，获经济学硕士学位。1985年起在国务院发展研究中心工作，先后任国务院发展研究中心市场经济研究所所长、发展战略和区域经济研究部部长、办公厅主任。2011年任国务院发展研究中心党组成员、办公厅主任。2013年3月任国务院发展研究中心副主任、党组成员。

长期从事宏观经济、区域经济、经济改革方面研究工作。享受国务院特殊津贴，荣获1999、2001、2015年中国发展研究一等奖，第八届孙冶方经济科学奖。曾在美国洛约拉大学、世界银行从事访问研究。兼任西北大学、东北大学博士生导师。曾为十七届中央政治局集体学习授课。

当前，我国经济正处在增长阶段转换和结构转型升级的关键时期。中央经济工作会议和李克强总理的政府工作报告，已经明确了2016年及今后一个时期经济工作的总体思路和主要部署。只要我们坚定信心，保持定力，认真贯彻落实中央已经确定的各项方针政策，中国经济就一定能够在不断战胜各种困难、风险和挑战中砥砺前行，为更长时期的持续和健康发展奠定更加牢靠的基础。

保持定力，首先就是要牢牢把握住供给侧结构性改革这个经济工作的主

要任务和主攻方向，咬定青山不放松，把工作的重心放在化解结构矛盾和培育增长新动力上，因为这是我国克服困难、走向持续健康发展的根本途径，也是唯一正确的途径。从国内外环境和发展趋势来看，2016年稳增长的任务依然很艰巨，发展面临的问题、矛盾和困难肯定也不会少，甚至不排除出现一些我们难以预料的外部冲击或变化。对此，我们既要高度重视，积极应对，也要看到其必然性和客观性，保持平常心态。即使一些增长指标一时下降多了一些，也不能搞大水漫灌式的强需求刺激，因为事实一再证明，那样做不仅治不了本，反而会使矛盾后推甚至越积越大。相比短期增速，我们需要更多关注的是居民就业、收入、物价、低收入群体基本生活保障等民生问题，以及系统性风险的防控等。如果这些问题解决得比较好，即使短期增速下降得多了一些，也是值得的。

保持定力，还要在面对困难和风险的情况下，下大力气推进重点领域和关键环节的改革。通过改革尽快构建起有利于科学发展的体制机制，是促进形成经济增长新动力、成功跨越中等收入陷阱的根本保障。目前我国改革进入深水区和攻坚期，面临诸多难啃的硬骨头，涉及复杂的利益关系调整和矛盾化解，推进的难度和风险也更加突出。在这种情况下，必须保持足够的定力和意志，坚定不移推进各项改革，否则，如果一些重要改革久拖不决，长期来看问题和风险会更大。十八届三中全会对全面深化改革作了部署，两年多以来出台的方案、文件也不少，但从改革的实际成效来看，还不尽如人意，特别是在国企、土地及财税金融等重点改革领域，更是如此。保持改革定力，一要按照十八届三中全会确定的改革方向，切实贯彻落实各项改革部署。要防止因遇到阻力或困难而出现改革方向上的偏差，或者以改革之名行固化既得利益之实。最为关键的，还是要处理好政府与市场的关系，充分发挥市场的决定性作用和更好发挥政府的作用。这一点在当前处理过剩产能、僵尸企业和调整优化结构过程中尤为重要。二要加大改革方案实施力度，特别是要鼓励地方和基层大胆创、大胆试。这是长期以来我国成功推进改革的一条重要经验。习总书记最近强调，中央通过的改革方案要落地生根，必须鼓励和允许不同地方进行差别化探索。为此，要容忍改革者犯错误，容忍改革失败，为地方基层大胆试验创造良好环境。

与此同时，要通过多种途径，采取切实有效措施，着力化解结构性改革过程中可能出现的各种矛盾、问题和风险，保障和改善民生，保持经济社会的基本稳定。一要通过更加积极的财政政策，加大基础设施和民生特别是农村垃圾污水处理、农房抗震改造、农田水利设施建设等领域的投资，在补短板、强后劲的同时，努力扩大国内需求，保持增长处于合理区间，并为钢铁、水泥、建材等产能过剩行业的转型升级提供喘息的机会。二要认真贯彻社会政策要兜底的要求，进一步完善社会保障体系，增加民生投入，高度重视去产能和处理僵尸企业过程中失业人员的生活保障和培训转岗再就业问题，以及城乡低收入群体、贫困人口等的基本生活保障问题。三要切实防范和化解金融风险。针对去产能、去库存、去杠杆过程中可能发生的金融风险，要加强监控，早作预案，早作准备，在有控制地适当释放风险压力的同时，防范和化解系统性、区域性风险。

跳出财政刺激陷阱切实推进“供给侧”改革

中央财经大学财政学院副院长　白彦锋

白彦锋，男，河北新乐人，2005年毕业于中国人民大学财政金融学院，获经济学博士学位，同年开始在中央财经大学财政学院任教，教授、博士生导师，现任中央财经大学财政学院副院长兼党总支副书记。

2007年澳大利亚维多利亚大学（Victoria University）访问学者、2013年美国斯坦福大学亚太研究中心（Shorenstein Asia-Pacific Research Center, Stanford University）访问学者。2011年入选“教育部新世纪人才支持计划”。2013年中央财经大学“我国生态文明建设中的能源财政问题研究”青年创新团队主持人。2013年六部委中央党校全国哲学社会科学骨干第49期研修班成员。国家社科基金项目、北京市自然基金评审专家。主要社会兼职：全国财政学教学研究会副秘书长。

2015年11月，习近平主席在中央财经领导小组第十一次会议上提出：“在适度扩大总需求的同时，着力加强供给侧结构性改革，着力提高供给体系质量和效率，增强经济持续增长动力。”“供给侧结构性改革”的提出，标志着我国宏观经济政策从需求管理向供给管理的重大调整，中国经济转型有望迎来实质性突破。

中央之所以现在提出“供给侧结构性改革”，主要原因在于单纯的需求管理难以助推中国经济“爬坡过坎”。

这表明，中国经济当前发展面临的问题不单纯是短期性的、周期性的、外部的冲击，而且夹杂着中长期、结构性、内部的压力，传统的财政货币刺激政策对于前者或许有效，但对于或者却不显著，或者短期奏效、中长期很容易出现反复、而且反复的时间在不断缩短、反复的频率在不断提高。

一句话，传统的财政货币政策的刺激效果在逐渐递减。为此，习近平主席在2015年11月18日的亚太经合会议上指出，要解决世界经济深层次问题，单纯依靠货币刺激政策是不够的，必须下决心在推进经济结构性改革方面做出更大努力，使供给体系更适应需求结构的变化。

近年来，我国传统的需求刺激政策边际效力在逐渐递减，为了维持刺激总体效力征收的税费又加重了民营部门的负担，公共部门的需求刺激对民间部门的“挤出效应”明显，我国的需求刺激政策有陷入“刺激陷阱”的危险。

未来我国的供给侧结构性改革，总体上要求结构性减税和效率性减支并举。通过结构性减税，将我国过重的流转税、过程税向对消费、利润等经营结果课税，一方面为重复投资、产能过剩釜底抽薪，另一方面降低企业税费负担；当然，对消费和利润等经营结果征税并非易事，需要“互联网+税收”来助推现代征管革命、切实推进对自然人征税，促进社会公平。

就减支来看，一是削减新能源、“双创”等无效或者低效的财政补贴、提高社会保障的效率，这些减支手段可以为减税提供基础和空间；二是简政放权，还可以推进政府与社会资本合作、政府购买公共服务，既降低政府负担、又为民间资金拓宽投资渠道、还促进了公共服务的专业化，可谓一举多得；三是进行碳交易、公共资源交易平台、特许经营等制度创新。总之，推进供给侧结构性改革，需要“出钱自己办——少出钱请人合办——不出钱只放权让别人办”等多管齐下，打造我国公共支出和公共服务的现代治理体系。

2016：宏观经济的四大走势

西北大学经济管理学院教授　白永秀

白永秀，著名经济学家，教授、博士研究生导师。2000～2011年担任西北大学经济管理学院院长。现任西北大学学术委员会副主任，永秀智库理事长，陕西永秀经济管理研究院院长。并担任中国工业经济学会常务副理事长、中国企业研究会常务理事、中国区域科学协会“一带一路”专业委员会主任、陕西省区域经济研究会会长；中国人民大学、浙江大学、中山大学等多家高校特聘或兼职教授，陕西省委、省政府特聘决策咨询专家。

在《经济研究》《管理世界》《学术月刊》《人民日报（理论版）》等核心期刊发表学术论文600余篇；出版著作、教材20余部；主持国家级课题20余项，主持区域咨询与企业管理咨询项目100多项，获国家级和省部级奖项20余次。

2016年中国经济将呈现出“一降两低一调整”的新常态特征，即国内经济增速微降，煤炭与石油价格保持低位运行，房地产市场结构调整。

判断一：经济增速微降，2016年GDP增速将会降至6.8%。

基于2015年中国经济增长6.9%的数据，我对2016年经济增速的预测值为6.8%，大致与2015年持平。

影响2016年经济增速的因素较多，其中积极因素包括以下四方面：2016年房地产市销售出现回暖，房地产库存压力缓解；大批基础设施项目的启动将加快投资增速回升，水利、交通、生态环保、健康养老服务等基础设施项目启动将有助于维持基建投资的较快增长；宏观调控政策作用凸显，中央相继出台的“阶段性提高财政赤字率”、降息降准及实施“组合拳”降低企业成本等政策将会有效增加市场需求；新的经济增长点异军突起，战略新兴产业、“一带一路”建设与国际产能合作等将为2016年中国经济发展的新亮点。

从经济面临的下行压力和风险来看，主要有以下三个因素：国内产能过剩的矛盾仍未缓解，化工、建材、钢铁、有色金属四大工业行业增加值及产量增速全线放缓，产能利用率还在低谷徘徊，尚未看到明显反弹的迹象；银行不良贷款指标双升，银行贷款投放变得更加谨慎；国际贸易环境严峻复杂，2016年中国对外贸易将面临国际市场低迷的局面，传统竞争优势进一步弱化，在一定时期内，我国外贸出口将继续面临负增长或低迷增长；国际金融市场的不确定性风险加大，自美联储出台加息政策后，日本央行宣布引入负利率，世界金融和资本市场日趋不稳，全球货币大战的担忧陡然提升。

判断二：煤炭价格小幅震荡，整体低位运行。

从长期来看，煤炭价格长期变化趋势已经回落到2005年价格水平，10年周期性的煤炭价格回落基本形成；从近三年煤炭价格走势来看，国内煤炭价格呈现出台阶式下跌局面，但2015年末出现前两年的年末翘尾回升，预计2016年煤炭价格将加快触底；从2015年煤炭市场供需来看，2016年全国煤炭产过于销的局面将会持续，煤炭库存量持续增加。

判断三：石油价格温和回升，整体低位波动。

从全球主要产油国的产油成本和运输成本来看，目前仅有沙特阿拉伯等少数产油国的近海油田石油生产综合成本小于30美元，在这个价位仍有利润空间的仅占全球石油产能的20%左右，我认为30美元/桶是国际油价的支撑点。当石油价格在40美元/桶时，仍有利润空间的产能将达到全球产能的39%，我认为这个价位是石油价格的长期维持点。2016年国际石油价格将会出现温和回升的局面。

判断四：房地产市场加剧分化，进入调整转型期。

从全国楼市来看，2016年全国房地产市场将保持整体回升势头，以北上广深为代表的一、二线城市楼市将持续回暖，量价将呈现双涨局面，但三、四线城市将会形成有价无市的局面，房地产整体市场的不均衡依旧凸显。受这种局面的影响，房地产将会进入调整转型期。

树立全面创新思维，统筹推进全方位改革

上海工程技术大学管理学院教授，硕士生导师　曹海敏

曹海敏，女，教授，硕导，中国注册会计师，加拿大高级访问学者，中国会计学会高级会员，上海高校金融学教学指导委员会，上海工程技术大学教学指导委员会委员；主要研究方向为财务管理、社会责任；主持和参加了国家级及省级基金资助项目10项，撰写并出版了《管理会计学》等教材和论著10部，在国家级核心刊物上发表专业论文约28篇；主讲《财务管理学》《管理会计》等专业课程的教学工作。在教学实践中经过二十多年的探索和积淀，取得了极为突出的教学效果，为省级财务管理专业和会计学专业优秀团队主要负责人。

2015年我国为适应后国际金融危机发生、提升综合竞争国力新形势下的主动选择：强调全面深化改革，提出推进供给侧结构性改革方案，这是适应和引领我国经济发展新常态的必然要求。

2016年中国经济发展进入全面持续创新改革期，在深刻认识“十三五”时期面临的困难和挑战时，必须按照习近平总书记强调的“发挥市场经济条件下新型举国体制优势”，以全面创新改革思维，建立常态及慎密的创新改革机制和系统的改革制度，全方位统筹推进各领域创新改革，扎实培育实现可持续发展新动力。我有以下方面政策建议：

第一，提高国力的财政体制发展战略。发挥政府在优化配置社会资源上进行顶层设计的主体责任，提高政府公共服务职能效力和质量，防范政府债务风险，完善财政预算机制，尽快消除社会制度的不公平，逐步全面取消特殊化，形成公平竞争机制；搭建全方位、全面改革的财政体制创新平台，在各领域形成有效激励创新的政策体系，营造万众踊跃创新社会氛围，激发各类创新主体的活力和创造力，真正在推动创新过程中发挥市场基础性作用。

第二，有效提升战略新兴产业素质。通过加快调整经济结构、深化税收改革、优化协调资源要素组合，改善企业转型环境。有计划、有步骤淘汰“三高”企业（高能耗、高污染、高排放），持续稳定调整过剩产能，真正发挥战略新兴产业的良好发展态势，集聚未来经济发展新动能，成为经济平稳增长的重要支撑。

第三，创造发展国际贸易新秩序。面对世界经济格局和产业分工新一轮大变革及大调整的深刻转型，以及我国高速增长转入中高速增长，从普遍短缺转入普遍过剩等全面转型，应深刻总结梳理我国积累的发展和调控市场经济的丰富经验和教训，推进供给侧结构性改革，强化责任担当，真正实现保持工业化、城镇化所蕴涵的需求与供給的有效对接，从根源上有效化解经济发展中的突出矛盾，为提升综合国力谋取建立更加公正国际经济新秩序创造更好及更扎实的条件。

第四，形成全社会对教育资源共享发展理念。国家“十三五”规划及《国家中长期教育改革和发展规划纲要（2010-2020）》提出以提高教育质量为主题，担当教育责任的指导思想，为教育创新提出了发展目标和新任务，为培养适应社会经济发展的应用型人才指明了方向。面对我国教育责任权限划分、教育质量水平、教育专业化发展特点以及高质量的基础教育资源供给的不充分、不均衡，应以平衡的思维推动社会发展中树立教育责任理念创新、教育专业化水平提高和教育责任的改革策略，更加注重教育内涵发展，不断创新发展构建教育责任体系为如期全面建成小康社会提供可靠的人力资源支持。

第五，构建跨组织合作的生态环境保护战略联盟机制。在当前脆弱的环境监管框架之下全面推动和帮助各类组织主动开展环境绩效创新发展策略，形成巨大的环境保护创新合力，应从制度角度寻找提高环境治理绩效途径，从根本上改变各级政府为政绩和利益而进行掠夺社会资源发展的制度根源，逐步实现跨组织合作区域内行业准入、污染治理一体化，强化履行社会责任，促进区域联合环境治理，加大地方生态环境规制力度。

供给侧结构性改革重在提高理论和实践

北京邮电大学经济管理学院教授　茶洪旺

茶洪旺，经济学博士、国务院政府特殊津贴专家，北京邮电大学经济管理学院教授，博士生导师；西北大学兼职教授、博士生导师；美国科罗拉多州立大学客座教授。师从国际发展经济学奠基人、著名经济学家张培刚教授研读西方经济学专业，主攻发展经济学。

1995年至1997年留学于美国科罗拉多州立大学；2004年和2006年先后到日本东京经济大学、韩国延世大学进行学术交流。曾任云南省委、省政府经济发展决策咨询专家；曾主持和参与国务院发展研究中心、发改委、工信部、中央网信办、科技部等重大课题10项，主持国家社科基金课题2项，在国内外核心学术期刊上发表论文96篇，学术专著1部，与他人合著19部。曾荣获省部级政府颁发的优秀学术成果奖10项；2010年获北京市第十一届哲学社会科学优秀成果二等奖。

党中央提出“着力加强供给侧结构性改革”，意在打破“需求管理”的路径依赖，在新常态下从供给侧重塑中国经济持续健康发展的新动力。这是顶层领导决策思路的重要改变。时下对“供给侧结构性改革”这一概念有种种解读，我认为，只有从理论和实践上理性地认识供给侧结构性改革，才能有效地推进供给侧结构性改革，因为推进供给侧结构性改革的最大挑战，在于如何提高政府有关部门尤其是地方政府的理论认识水平和实践执行力。

首先，在理论上应科学认识当代经济学供给学派的政策主张与供给侧结构性改革新政的联系和区别。“供给侧结构性改革”这一概念已成为当前中国经济改革的主题词。从经济学基本原理考察，“供给侧结构性改革”命题虽然借鉴了现代经济学理论基于总供给与总需求分析视角，供给侧结构性改革新政内容中包含的简政放权、减轻企业税负等经济政策，与当代经济学供给学派的理论与政策主张有一定关系。

但从实质上看，供给侧结构性改革新政是以中国特色社会主义政治经济学为指导，针对我国现实经济发展中的矛盾和问题提出来的，给马克思主义政治经济学植入了中国元素，是中国宏观调控经济政策与时俱进转向新阶段的重要标志。

供给侧结构性改革的着力点在于改革缺乏效率的制度、体制、政策（诸如行政管理制度、产权制度、土地制度、财税体制、金融体制、国有企业、人口政策、创新体制、社会福利制度等）来提升总供给体系的效率和质量；供给侧结构性改革的目标在于全面实现创新来激活企业创造力，提高全要素生产率，增强经济持续增长动力，推动我国社会生产力水平整体跃升。

“供给侧结构性改革”既包括供给总量方面的制度变革和创新，又包括供给结构方面的制度变革和创新，进而充分发挥有效市场与有为政府的作用。相形之下，供给侧结构性改革新政的内涵丰富广泛，显然不能与西方经济学供给学派及其政策简单画等号，更不能与20世纪80年代所谓的“里根经济学”相提并论，否则将会对中国经济发展造成严重的消极影响。我们理应坚定理论自信和道路自信，推进供给侧结构性改革新政，是我党适应和引领经济发展新常态的重大创新，是我国应对后危机时代全球经济发展新挑战的一次大胆探索，是经济学理论研究本土化的重大实践，其不仅能够加快破解当下中国经济下行的阻力和压力，而且将影响全球的经济表现和前景。因为历史上曾对世界经济发展产生重大影响的经济理论，无一不是特定社会条件下的本土化理论。

其次，在实践上要理性认识推进供给侧结构性改革的艰巨性和长期性。总结历史经验教训，时下推进供给侧结构性改革，务必要谨防立竿见影、急功近利、毕其功于一役的速成心态。与“需求管理”手段能够立竿见影不同，供给侧结构性改革能在长期内充分发挥出可持续发展之效，但短期内却无立竿见影之功。供给侧结构性改革几乎包括了所有重要的改革，需要循序渐进地来推进完成。然而近期去产能、去库存、去杠杆、降成本、补短板这五大重点任务无所不包，其病根都是体制问题，解决的根本办法只有依靠改革创新。实践证明：“改革红利”的产生不仅需要时间，而且在短期内不但不能改善经济，反而会令经济更加困难、甚至可能引发各种震荡，这对决策者无疑是一个巨大的挑战和压力；另一方面，重要领域的改革涉及方方面面的利益，尤其需要突破来自既得利益集团的各种阻力。这就决定了推进供给侧结构性改革的艰巨性和长期性。

2016年是中国推进供给侧结构性改革攻坚的关键之年，我认为，我们必须坚持求真务实、持之以恒，久久为功的精神。

第一，要有效调动中央和地方两个积极性，形成合力推进供给侧结构性改革。强化地方政府对中央顶层设计的创新性执行力，着力于供给侧结构性改革组合政策举措落地，避免出现“改革空转”的尴尬局面。

第二，要十分重视激发企业家创新积极性。市场经济条件下，企业家是经济创新活动的主体，我们一定要扎扎实实地为企业家创新提供有利的政治、制度、政策环境，使企业家专注于创新来推动经济可持续发展。切忌出现因忽视了企业家群体造成“企业家缺位”，最终导致“创新空转”的形式主义效果。

第三，必须清醒地认识到推进供给侧结构性改革，并不意味着对需求管理的放弃，更不意味着排挤短期的有效经济刺激政策。需求侧的适度有效经济刺激政策将会为全面推进供给侧结构性改革创造更大更好的空间。

纵观经济理论发展的历史，总需求与总供给是宏观经济的两个相辅相成组成部分，需要协调匹配，有鉴于此，无论任何时候，片面肯定或否定“需求管理”和“供给管理”的极端决策理念和行为都是违背经济运行规律的。

供给侧结构性改革本质上是重大的创新活动，“创新是一种创造性的破坏过程”（熊彼特语），世界经济发展的历史证明：改变社会面貌的经济创新活动必无不经历了一个痛苦的“创造性破坏过程”，如果我们在短期内没有耐心和毅力承受这种“创造性破坏过程”阵痛的准备而放松了供给侧结构性改革，这将成为2016年乃至未来中国经济发展面临的最大风险。

经济增长在下行中有望逐步企稳

国务院发展研究中心宏观经济研究部副部长　陈昌盛

陈昌盛，国务院发展研究中心宏观经济部副部长，研究员，国务院发展研究中心经济运行监测系统和景气平台负责人。主要从事宏观经济、货币金融和财税体制领域的政策研究。主持和参与了多项重大研究课题，参与中央有关文件起草和国家五年规划编制。曾获中国发展研究特等奖和一等奖，国家中长期科技发展规划奖等。在中国社会科学院获得经济学博士学位，曾为哈佛大学访问教授。

2016年，全球经济将在深度调整中缓慢复苏，但主要发达国家复苏步伐不一，宏观政策出现明显分化。美国货币政策收紧进程启动，而欧元区和日本继续实施量化宽松，全球资本配置将出现明显调整，新兴经济体结构性矛盾进一步暴露，有可能引发新一轮动荡。我国经济结构继续调整，过剩产能清理力度加大，固定资产投资增速可能触底，经济增速有望在中速平台上阶段性企稳。

对于2016年的经济形势，有几下几点判断：

第一，投资有望逐步探底。2016年固定资产投资增速将继续回落，预计下降到7%左右，2017年后逐步企稳。一是房地产投资增速可能触底。根据住宅开发节奏和库存情况，结合国际住宅市场的发展规律，2015年住宅施工面积已接近零增长。住宅投资占全部房地产投资比重接近70%，商业类地产投资增速走势大体上也与住宅趋同。预计2016年房地产开发投资将负增长，之后几年大体上保持在0～5%区间。二是制造业投资增速降至个位数后逐步企稳。随着部分重化工业产品产能达到峰值，产能过剩将显著抑制投资增长，预计2016年制造业投资增速进一步降至6%左右。与此同时，产业结构调整升级将推动设备更新改造，房地产、出口等下游需求企稳对制造业投资有拉动作用，2017年后制造业投资有望逐步企稳。三是基础设施投资继续回落。受投资回报率和地方融资能力制约，基础设施投资难以维持高增长态势。近年来，基础设施投资总体高于财政收入增速约10个百分点。预计2016年基础设施投资增速仍将高于公共财政增速，但二者增速差距会进一步缩小，2016年基础设施投资增速降至15%左右。另外，其他类投资仍有较大增长空间。从历史经验看，其他类投资特别是生产性服务业投资，其走势与制造业投资总体一致，预计2016年增长9%左右。

第二，消费增长基本稳定。从消费动力看，制约目前我国消费增长的主要是消费供给的质量和诚信问题，如果消费环境得以改善，消费仍有较大增长空间。从消费结构来看，传统日用品消费增长基本稳定。由于近期房地产市场销售有所回暖，家电、建筑装潢等耐用消费品增长逐步回稳。减免购置税等措施也将对汽车消费起到一定提振作用，2016年汽车销售增长预计较2015年有小幅回升。与此同时，新技术、新产品、新业态催生新的消费热点，移动通信、新能源汽车、智能家电、节能环保、医疗健康等市场潜力将逐步释放。新型城镇化将为消费增长提供新空间，不同收入阶层和年龄结构的梯度消费保证了居民消费的连续性和成长性。综合判断，消费增速将小幅放缓，2016年社会消费品零售总额增长可能为10%左右。

第三，出口增速难有起色。全球产能过剩，资本品贸易大幅收缩，以及全球价值链分工调整和转移，对全球贸易尤其是与制造业相关的贸易造成了持续冲击。虽然我国在全球货物贸易中的份额相对稳定并略有增长，但受全球贸易收缩影响，出口增速也持续下降。2016年全球经济增长预计与过去三十年的平均增速大体持平，全球贸易增速继续低迷。我国贸易的相对竞争力短期难有很大变化，部分产业或者制造环节向外转移的步伐还会继续，以及TPP达成协议的潜在负面影响，预计2016年我国出口增速预计在零附近。

总体看，出口在激烈调整后收敛低速区间；消费增长将小幅回落，但消费升级步伐不会停滞；投资增速将继续放缓至7%左右，并有望达到阶段性底部，随后基本企稳。在探底过程中，如果去产能得到落实且避免引发系统性风险，本轮经济回调的阶段性底部有望在2016年出现，全年增长6.5%左右，2017年、2018年经济增速会逐步有所企稳。

中国经济仍处在下行通道，需要加大改革步伐

中国经济体制改革研究会副会长　陈　剑

陈剑，1957年3月出生于安徽芜湖，祖籍江苏淮安，先后毕业于安徽大学经济系和吉林大学研究生院。先后在安徽省铜陵市委、国家人口和计划生育委员、中国社会科学院、浙江温岭市人民政府、北京市人民政府研究室等部门工作。

现代化专家和经济体制改革专家。在人口和计划生育、奥运经济、决策咨询等方面研究也有诸多建树。主要社会兼职有：中国经济体制改革研究会副会长，中国改革20人论坛执行主任，全国工商联参政议政委员会委员，北京市委讲师团专家组成员，北京中国特色社会主义理论研究中心特约研究员。北京交通大学等多所大学兼职教授。

学术成果：主要著作有：《人口素质概论》《中国生育革命纪实（1978～1991）》《中国离现代化有多远——中国社会主义市场经济宣言》《国家重构——中国全方位改革路线图》。主编《中国改革报告2011》至《中国改革报告2015》，《中国公民读本》，出版专著20余部，发表学术论文500余篇。一些专著和论文曾获省部级奖。

2016年影响中国GDP增速下滑的各项因素犹在。对全年经济增长略悲观。全年经济增长速度将低于6.5%，继续运行在下行通道上。

中国经济整体下滑，既有全球经济整体低迷因素，也与自身结构性矛盾有关。

从世界经济情况看，虽然美国、德国等国家的经济复苏前景相对乐观，

但大部分欧洲国家及日本经济仍待企稳，新兴市场经济体目前面临严峻挑战。2016年全球经济增长复苏艰难，经济低迷必然影响全球货物贸易增长。2016年中国外贸仍然面临下滑的挑战。2015年中国全年的外贸进出口预期目标是增长6%，但全年实际进出口按美元计算是8%的负增长，其中出口下降2.9%，进口下降14.1%。而中国外贸下降与全球的外贸下降密切相关。据世贸组织公布的2015年71个主要经济体的进出口数据显示，2015年出口下降11%，进口下降12.6%。由于中国外贸下降幅度低于主要经济体国家降幅，因而中国外贸2015年在全球外贸比重中不降反升，从12.2%增长到13.2%。但在2016年全球经济低迷态势依旧，全球经济增长预期进一步下滑的情形下，中国外贸在新的一年里仍难摆脱下滑的局面。

就自身因素考察，中国经济运行中结构性和周期性问题仍非常严重，产能过剩的矛盾不断积累，中国经济“去产能、去库存”的压力较重。以“去产能”为例，中国需求结构从以住、行为主的制造业逐步转向以服务业为主，传统商品需求萎缩，与之对应的产业产能出现相对过剩，有的甚至绝对过剩。“去库存”也同样任务艰巨。以房地产市场为例，经过十余年高增长后，中国房屋存量已大幅度增加，与此同时，房地产在建规模仍然较大，住房空置面积较多。2014年新开工面积负增长，2015年施工面积负增长，2016年房地产开发投资可能出现全年负增长。房地产市场已经进入趋势性下跌和周期性减速的双重调整阶段。就一般情形而言，房地产调整期至少需要3年以上。上述因素无疑影响2016年经济增长的势头。此外，制造业难以摆脱继续下滑的势头。目前制造业PMI已经连续6个月低于50%，2016年1月为49.4%。虽然不能断言制造业全年会持续低迷，但似乎没有看到复苏的迹象。

虽然对经济形势总体不能太悲观，但确实难有太高的预期，试图期盼中国经济大幅反弹的因素是不存在的。

中国经济发展自然仍有潜力、余地和韧性。需要加大改革的步伐。中国经济发展的潜力，主要是市场潜力还有释放的空间，需要推进改革，突破诸多体制机制障碍以释放市场潜力；其次是居民收入到了一定阶段后可释放的巨大的内在需求，需要加快消费结构升级步伐。

要推动经济增长，需要进一步加大改革步伐。对一些领域，需要放松管制，打破垄断。目前，电信、金融、教育、文化、养老、体育等领域被严重垄断和高度管制，一方面阻碍了社会资本的进入，另一方面导致这些领域供给严重不足，效率低下且价格过高。因而，应放松管制，打破垄断，应当扩大更高层次对外开放，推进金融、贸易、物流、信息服务、商务服务等生产性服务业对外开放。支持企业走出去拓展国际市场，扩大境外项目合作，带动发电、轨道交通、钢铁、化工、有色等装备和产品出口。

推动大众创业、万众创新，是释放市场潜力的重要内容。“双创”的重点应当放在新型制造业和服务业两个领域。2015年，服务业领域通过植入互联网基因已爆发出强大的生命力。2016年将继续保持这一势头。预计2016年新型制造业增速将明显快于整体工业水平。

加快消费结构升级步伐，对推动中国经济增长有着十分现实的意义。随着居民收入的增加，新兴中产阶级加快形成，我国居民消费水平在持续提升。2015年一个重大变化是，我国消费需求持续增长、消费结构加快升级，消费对国民经济增长的贡献率进一步提升。2015年提升至66.4%，创15年新高，比2014年高15.4个百分点。因而，中国经济增长，需要在进一步扩大内需上下工夫。近几年，城镇低收入群体和农民工收入有一定的提高，覆盖城乡的社会保障体系虽不是很完善，但接近基本建立。而这部分群体量大面广，他们收入一定程度提升，特别是社会保障体系的进一步健全和完善，对拉大内需具有重要意义。因此，进一步加快健全和完善覆盖城乡的社会保障体系，既有利于扩大内需，有利于加快结构调整，也有利于缩小居民贫富差距。

在供给策改革方面，要让企业充满活力，需要减少政府对经济的诸多干预。制定权力清单、责任清单，全面取消非行政许可。目前严峻的问题是企业赋税过重。中国目前的问题是，企业经营困难，融资成本居高不下，低端劳动力工资上涨较快，社会保障支出压力较大，税收负担加重，企业利润，特别是制造业利润空间十分有限，甚至出现负增长，这严重影响企业投资意愿和生产经营活动。而要减税，如果没有与之相应的行政体制改革是困难的。政府财政支出无疑十分巨大。因而要减税，给企业减负，没有相应的行政体制改革是难有作为的。

以更为积极的财政政策，扭转自增强式经济下行趋势

财政部财政科学研究所研究员　陈　龙

陈龙，山东临沂人，财政部中国财政科学研究院研究员，经济学博士、财政学博士后，硕士生导师。曾出版《“社会集中分配论”研究》《中国收入分配深层破冰》《预算的建构力：突破中国发展困境与陷阱》等四部专著，合著、参编十余部书，在《人民日报》《学习时报》《财政研究》《中国经济时报》等报纸期刊上发表《化解地方财政困难的治本之策》《以新的比较优势催生经济发展新动力》等学术论文70余篇。主持、参与国家社科基金、亚行等数十项课题研究。曾获第五次全国财政理论科研成果一等奖、财科所中青年科研成果一等奖等奖项。

2016年，我国面临自增强式下行的危险，如不打破这一下行链条，则很难在短时期实现市场出清、扭转经济下行趋势，并可能进入“锁定”状态，危及长远发展。

当前，需求萎缩与供需脱节，带来产能过剩、库存高企、债务加剧、企业利润下滑等问题，引发整个宏观层面的需求不足、投资下降、创新乏力、资产负债表恶化等，从而形成连锁下行链条，使国民经济陷入一种自增强式的持续下行或收缩之中。这是现阶段出现的新现象、新问题，既不同于我国以前时期的经济收缩，也不同于其他国家的经济下行，具有自身的特殊性和

复杂性。例如：宏观政策与市场微观主体结构和运行特征的适应性不足，西方财政和货币政策的逻辑和方式，难以消除产能过剩、资源配置扭曲等问题；结构性因素与周期性因素双重叠加，加重了经济下行趋势。仅靠市场机制和现有的政策力度，难以在短期内快速实现市场出清，扭转下滑趋势。为此，亟须采取更为积极的财政政策，抵消经济下行或收缩的能量，快速实现市场出清，使经济运行趋势发生根本性改变。

然而，受收支矛盾尖锐等因素掣肘，财政政策空间被压缩。如果仅零敲碎打地采用一些政策手段，则很难打破自增强式经济下行链条。为此，应着眼于经济社会发展全局，摒弃狭隘的财政观，以财政资源全局调整为重心，实行更为积极的财政政策。一方面，防范风险，解决因地方融资平台和“僵尸企业”而导致的经济资源配置低效问题；另一方面，使经济获得新动力，并“轻装上阵”。

其一，统筹税费格局。清税减费与统筹税费格局、优化税制有机结合，稳定宏观税负水平。将增值税一般纳税人税率降至15%左右，并合并简化税率结构；将企业所得税降至20%左右；加快开征房地产税、环保税，调整个人所得税、消费税等税种。清理、规范政府性基金、收费，降低社会保障缴费率，加快推进费改税。

其二，调整债务结构。不必拘泥于欧盟赤字率3%的警戒线，适度扩大中央财政赤字和国债规模，发行基础设施建设公债、环保公债等专项或特别国债。根据经济发展和财力状况，采取转换股权、处置资产等方式消化存量债务，压缩地方政府及其融资平台的存量债务规模。

其三，调整财力分配方式。推进财政体制改革，缩小专项转移支付规模，加大一般性转移支付力度，增强地方政府统筹安排资金的能力。整合财政专项资金，完善退出机制，加大对创新等支持、引导力度。

其四，调整国有资本（资产）存量结构。在做强、做优的前提下，盘活、处置低效国有资产，激活社会资源，使资源在社会整体层面得到优化配置。

其五，调整公共投资的内容与方式。围绕经济转型升级和生产生活中的短板，加大紧缺性公共投资力度，并采取公私合作（PPP）、政府购买服务、投资引导基金等多种形式，激发社会有效投资。

2016年中国文化产业或呈十大趋势

北京大学文化产业研究院副院长　陈少峰

陈少峰，北京大学哲学系教授、博士生导师，北京大学文化产业研究院副院长，国家文化产业创新与发展研究基地副主任；研究伦理学、管理哲学与文化产业；已经发表14部专著，2015年主编系列文化产业研究报告：《中国电影产业报告2015》（陈少峰、徐文明、王建平主编）、《中国文化旅游产业报告2015》（陈少峰、王起、王建平主编）、《中国书画产业报告2015》（陈少峰、刘志明、王建平主编）、《中国文化企业报告2015》（陈少峰、张立波、王建平主编）、《中国文化企业品牌案例》（陈少峰、张立波、王建平主编）、《中国互联网文化企业报告2015》（陈少峰、王鸿、王建平主编）和《中国互联网文化产业报告2015》（陈少峰、赵磊、王建平主编）（清华大学出版社和华文出版社出版）。

2016年是中国经济改革和产业结构调整最关键的一年，也是互联网经济继续快速发展的一年。对经济发展带来负面重要影响的因素，包括互联网带来的降价竞争、投资项目周期延长、境外消费和去产能等多方面。因此，我预计经济增速将继续小幅回落。当然，经济调整在2016～2017年是关键的年份。预计到2018年前后，经过结构性的调整之后，经济发展将持续并稳定十年左右。

对于2016年中国文化产业的走势，我认为：

第一，大型的互联网文化企业形成舰队化扇形化（部分竞争部分合作）结构，进一步强化他们之间的合作关系；BAT（百度、阿里、腾讯）等具有核心资源（平台资源）的企业舰队将继续进行并购与投资，形成资源整合的生态化、产业链体系的产业布局（包括深度的资源整合，如互联网电商与电影院里的及时点播购买衍生品合作）。

第二，互联网影视基于内容的丰富性、消费者的参与性与观影的便利性，吸引了更多的人才和企业来制作包括网络剧、大电影、微电影和各种段视频等内容，同时也吸引来了相应的投资，具有很大的发展势头，其收视总规模正在超越传统电视影视，成为影视领域的领跑者。互联网的文化产业正在加速视频化、衍生产品化和产业链化。

第三，综合性文化旅游的各个领域（含主题公园旅游、体育旅游、健康旅游、家庭文化旅游、农业文化娱乐旅游、传统文化体验旅游和出国旅游等）都将有较大幅度的增长。作为线下体验经济核心的文化旅游产业将成为互联网文化产业之外带动产业增长的第二极。

第四，足球产业开始发光发热，特别是校园足球、培训、媒体、与境外机构合作建设足球基地等明显活跃。足球产业在全球是最大的单一娱乐（体育表演业）产业，在有关政策利好和企业投资的推动下，中国足球产业将从2016年开始进入二十年左右的高速成长期。

第五，在交易金额连续三年下滑之后，艺术品产业在2016年底将触底止跌。作为艺术品的重要组成部分，当代书画作品多数出现下跌，最多下跌幅度达到85%。触底之后的艺术品产业将逐渐复苏，但是复苏之后的艺术品产业格局将呈现出新的发展态势，预计将出现一个新的发展重点和三个主流的商业模式。一个发展重点是多数艺术品将走向两极分化，部分将大众化家庭化；而三个主流的商业模式分别是“互联网平台+部分投资”、“艺术品基地+部分投资”、“专业增值服务+部分投资”。这三种商业模式之间的共同特点是重视股权投资和企业整体价值最大化，明显区别于传统的“收藏+私下交易”。

第六，电影产业悲喜交织。在持续多年大幅度增长之后，电影产业将开始洗牌。好的一面是产业规模和产业链持续壮大或者扩张，不利的一面是影视公司规模扩大之后形成激烈竞争和严峻挑战。由此而来的新动力或者未来走向将是提升产品质量、做合家欢电影、延长产业链和开拓国际市场。

第七，传统文化产业受到严重冲击，个性化定制与设计崛起。一方面，互联网吸纳了很多传统文化产业的价值实现方式；另一方面，结合传统文化传承与创新，将出现一些新产品、新服务内容，包括传统文化将出现体验馆为核心的新样态。

第八，国有文化传媒企业出现两极分化，部分国有文化企业通过投资或者进军新媒体实现转型成功，但也有部分传媒企业在探索多样化经营之后，其传媒与文化生产的业务将不再成为其主营业务。可以说，国有文化传媒企业将出现分化，在互联网时代呈现不同的传媒影响力。

第九，创业与创业投资、风险投资高歌猛进；大众创业激发出了大众中的企业家精神，部分高风险领域的投资将达到创纪录的水平。然而，其中也有部分投机分子利用政策或者他人资金进行冒险，总体上呈现出忽悠他人资金、创业活动、实干精神等混杂交织的情形。

第十，内容为王、版权为王、IP为王、原创为王进入第一个阶段；内容产业与平台之间的关系更加紧密，内容企业可以达到很高的市值。同时，内容价值和人才价值同步凸显，资本追逐内容和人才；基于吸引人才和版权内容参与合作的要求，大型互联网文化企业努力结盟和探索各种形式的合作，在很多合作中不再像传统一样拥有控股地位。

我国区域经济格局将继续深刻调整

中国社会科学院工业经济研究所研究员、中国区域经济学会秘书长　陈　耀

陈耀，经济学博士，中国社会科学院工业经济研究所研究员、教授、博士生导师，中国区域经济学会副会长兼秘书长，中国社会科学院西部发展研究中心副主任，区域经济研究室主任。享受国务院特殊津贴，中央组织部“院士专家西部行”、全国政协常委视察团和国家发展改革委等活动受邀专家。

专业研究领域：区域经济、产业空间组织和政府政策。研究重点：国家区域政策、区域规划、产业集群与区域竞争力、园区定位及招商策略、能源矿产与制造业布局、资源型城市转型、大都市圈一体化、西部大开发、老工业基地振兴、中部崛起以及县域经济。

发表文章和出版论著数量超过500项，主持国家社科基金重大项目并参与各类研究课题约300项，获得国家科技进步奖、中国发展研究奖、中国社科院优秀成果奖等10余项奖项。

2014年时，我对中国经济形势的看法是“谨慎乐观”，而现在的看法则要“去乐观”。主要原因不在外部环境、外部市场，而是我们对新常态下结构调整及转型的进程存在过快的预期。现实是，化解过剩产能、改变要素驱动，不可能一蹴而就，而转向创新驱动，保持“中高速”，迈向“中高端”，更是一个中长期目标。

尽管2016年国际油价及大宗商品价格下跌会有助于改善企业生产经营环

境，但国际市场对我国出口产品的需求仍不会有大的好转，因此，关键还在内需。

中央提出“供给侧结构改革”无疑是正确的，鉴于供给侧改革的初始期，重点是“3去1降1补”（去产能、去库存、去杠杆、降成本、补短板），做减法多于做加法，因而，经济增长的速度可能继续减缓，2016年我对增长率的估计在6.8%左右。

2016年如何推进供给侧结构改革至关重要，理论方法上我们要明确，此项改革就是要实现三个转换，即通过采取“3去1降1补”及后续相关措施，把以往的“无效供给”转换为“有效供给”，把“短缺供给”转换为“平衡供给”，把“错位供给”转换为“匹配供给”。总体上看，“三去”任务明确，但推进难度有别，淘汰落后过剩产能，减少商品房库存，已形成共识，相对容易推进，而“去杠杆”在当前经济下行压力下与“稳增长”有抵触，尤其在地方层面难度要大些，要在控制地方债务风险下，加大地方融资机制的创新。那么“补短板”遇到的问题是，对何为“短板”有多种解释，需要有明确指向，最大的短板应该是扶贫脱贫，还应把战略性新兴产业加上。最需要讨论的是“降成本”，从企业的呼声来看，降低融资成本很重要，但还有更重要的就是属于供给侧改革工具的“减税”，企业税负过高（据悉美国企业没有增值税），有不少企业在考虑外迁，要切实引起重视。

2016年，我国区域经济格局将在“四大板块”总体战略基础上，在三大建设（“一带一路”建设、京津冀协同发展、长江经济带建设）引领下继续深刻调整，经济增长将从“东慢西快”转变为“东稳西缓”，也就是东部地区经济增长下滑局势得到控制并趋于稳定，而中西部地区增长速度放缓，省区增长率超过两位数的情形有可能在2016年终结。最值得关注的是经济陷于困局的东北老工业基地以及山西、河北两省，这些以重化工为主体的产业结构还将继续影响到这些地区的发展，建议国家将这五省列为严重的“问题区域”，重点推进其结构转型、改革创新以及民生建设，帮助这些地区尽快走出困局。中央直辖市和沿海经济强省要加大创新驱动力度，争取在“十三五”开局之年结出硕果，在转型升级上真正走在前列。

国企改革是经济改革的首要任务

国家发改委综合运输研究所城市交通研究室主任　程世东

程世东，国家发展和改革委员会综合运输研究所城市交通室主任，博士。主要从事城市交通、城市群交通、交通运输发展战略及体系规划、运输产业政策等领域研究。2005年以来，负责主持和重点参加了50多项国家、地方和国际合作规划、研究项目，多项成果获省部级科技进步奖，积累了丰富的专业知识和项目管理组织经验，共参与出版6部学术著作，在国内外重要学术杂志、报刊发表了60多篇学术论文。

2016年我国经济形势，最大的可能是继续保持较低的增长速度；最好的结果是：保持汇率稳定、有效防范金融和地方债务风险、稳步推进房地产去库存、实现制造业和服务业的转型升级。

我国经济改革，首要任务当属国企改革，按照市场机制推进混合所有制应该是方向，而非行政主导下的简单兼并重组；供给侧改革，不仅仅是去产能，更重要的是要提级改造，提供更符合百姓需求的产品和服务；大众创业、万众创新，可以作为短期内解决就业的措施，但将其作为全国经济主流或支柱值得考量；互联网更多的是一个工具，改变的是信息不对称，改变的是交易方式，一定程度上会改变生产方式和组织方式，但对生产、服务本身没有根本性改变，应更加理性看待“互联网+”在经济中的地位，将其放于制造业和服务业之后。

中国经济增长仍具可持续性

国家信息中心经济预测部副研究员　程伟力

程伟力，经济学博士，国家信息中心经济预测部副研究员，兼任国家开发银行特聘专家、国家社科基金评审专家、北京市科委评审专家。有关对外投资、经济危机、通货膨胀、粮食安全等重大问题的研究多次得到党和国家领导人批示，为高层领导出访撰写报告数十篇。多次赴非洲，为津巴布韦、肯尼亚、刚果（金）、莫桑比克、马拉维等国提供国家发展规划咨询。目前主要研究领域为：世界经济、对外投资、经济危机、传统文化等。在全国哲学社会科学规划办公室《成果要报》（内参），国务院发展研究中心《经济要参》，新华社《瞭望》等刊物上发表文章数十篇。

当前，世界经济环境复杂多变，中国经济仍然面临严峻的外部挑战。全球货币政策分化加剧，国际金融市场动荡加剧。在美联储加息的进程中，欧元区和日本央行继续实施量宽政策，货币政策出现严重背离。在此过程中，将直接导致各国汇率出现大幅变化，容易诱发金融动荡。

全球贸易落后于经济增长，外需对拉动经济增长的影响减弱。由于发达国家产业回流，以及贸易保护加剧等原因，近几年全球贸易增速低于GDP，这一趋势仍将延续。

此外，大宗商品价格低位徘徊，消极影响超过积极影响。一是对节能和新能源发展产生致命影响，不利于产业升级。二是国内相关行业严重亏损。三是我国相关海外投资受损。

虽然，国内面临一些突出矛盾和问题，但经济增长仍具有可持续性。

一是部分传统产业产能过剩问题突出，在化解产能过剩的过程中如何处置银行贷款将是一大难题。二是房地产处于一抓就死，一放就乱的状态。三是地方债务风险加大，融资能力继续下降。四是企业融资成本和税务成本居高不下。

但是，从发展周期的角度来看，我国经济仍处于上升周期。一方面，我国居民消费需求仍处于快速增长阶段；另一方面，从供给的角度来看，我国很多中高端产品仍生产能力不足，供需平衡仍将在较长的一段时间内推动我国经济实现持续增长。

对此，首先，应尽快实现由建筑投资周期向设备投资周期的转换。我国长期以来建筑投资（主要是基建和房屋建筑）占总投资规模的70%左右，因此周期的波动与基建有着更直接和紧密的关系。但是，无论是经济理论还是实践都表明，设备投资与周期波动有着直接的关系，在基建和房地产投资增速回落而制造业投资加速的情况下，设备投资应该成为新一轮周期的推动力。

其次，应进一步降低企业和个人税负。降低企业税负可以增强出口企业价格竞争优势，在当前形势下有利于稳定出口市场；对内销企业而言也可以改善盈利状况，提高再投资水平。降低个人所得税则有利于扩大内需。

此外，还应通过扩大对外开放提高潜在经济增长率。一是通过扩大技术和设备进口促进国内产业升级，加强装备制造业、节能节水和环保技术、高新技术以及传统制造业高端产品和技术的引进，淘汰落后产能，实现相关设备的更新换代，提高劳动生产率，使我国的整体生产水平上一个新的台阶。二是充分利用国际人力资源，吸收一些专家和技术人员到我国企业从事研发、生产和教育培训工作，加快我国对先进技术的消化吸收过程。三是积极并购发达国家企业，提升海内外企业技术水平。

以结构性改革实现经济转型的实质性突破

中国（海南）改革发展研究院院长　迟福林

迟福林，现任中国（海南）改革发展研究院院长，研究员，博士生导师。20世纪80年代初至今30余年间，一直从事改革研究，形成了许多重要的改革研究成果，是具有广泛影响力的改革智囊。

作为一名改革研究者，迟福林专注中国改革问题研究，多次主持或参与国家重大改革研究课题和国际合作研究项目。其中，有总理亲自交办的课题，有国家相关部委委托的课题等。这些研究成果，有的被党和政府决策所采纳，有的作为国家制定相关规划的重要参阅件。多次参加国务院总理主持的专家座谈会，为我国改革事业谏言献策，被媒体称为“迟改革”。

迟福林于1991年参与创建中国（海南）改革发展研究院，历任常务副院长、执行院长、院长。25年来，始终坚持以直谏改革为己任，坚持问题导向的战略与行动研究，坚持用改革的办法办院，带领团队努力建设中国改革智库。目前，中国（海南）改革发展研究院已成为国内外具有广泛影响力的社会智库。

迟福林先后受聘为中国经济体制改革研究会副会长、中国行政体制改革研究会副会长；国家行政学院、中国井冈山干部学院、北京大学、东北大学等高校特聘教授；国家“十三五”规划专家委员会委员，国家工商行政管理总局市场监管专家委员会副主任委员，广东、海南等地方政府决策咨询顾问等。第十一届、十二届全国政协委员。享受国务院特殊津贴专家，曾获全国“五个一”工程奖、孙冶方经济科学论文奖、中国发展研究奖、全国杰出专业技术人才等多项荣誉，入选“影响新中国60年经济建设的100位经济学家”、《20世纪中国知名科学家学术成就概览（经济学卷）》。

“十三五”时期，我国转型发展的历史性特点十分突出：一方面，经济下行与经济结构调整的矛盾与风险因素日益增多，压力明显加大；另一方面，经济转型升级蕴藏着巨大的发展潜力与市场空间。

中央经济工作会议明确提出的“三去一降一补”的任务，其中核心是去产能、去库存的压力相当大。客观地看，在去产能中又要去杠杆，对政策调控提出了比较高的要求。同时，去产能很难在短期内实现大的突破，这不可避免地加大了经济下行的压力。

2015年，我国GDP增速为6.9%，总体经济态势平稳，并且在一些结构调整上取得了比较大的进展。结构调整意味着新的增长动力正在逐步形成。

中长期来看，我国有四张牌可以打。一是产业结构变革正由工业主导向服务业主导转型。估计第三产业占比将由2015年的50.5%提升到2020年的58%左右，有可能达到60%，由此基本形成以服务业为主导的产业结构。二是城镇化结构变革正由规模城镇化向人口城镇化转型。估计2020年人口城镇化水平将由2013年的37%提高到50%左右；由此形成人口城镇化的新格局。三是消费结构变革正由物质型消费为主向服务型消费为主转型。估计“十三五”期间，我国消费率有可能达到55%左右；消费对经济增长的贡献率将保持在65%左右，成为推动经济增长的“主力军”。四是贸易结构正以货物贸易为主向以服务贸易为重点的转型。估计到服务贸易占贸易总额比重将从2014年的12.3%提高到2020年的20%。

2016年是中国经济转型的“闯关之年”。如果在这方面有重大突破，那么2016年的宏观经济将实现6.5%~7%的增长，有比较大的概率实现6.7%左右的增长。

结构性改革的重点突破领域在以下四个方面：

第一是以服务业市场开放为重点推进市场化改革。到2020年服务业占GDP比重努力达到58%左右，不仅能够为去产能、去库存、去杠杆创造有利条件，还能够释放巨大的国内需求，闯出一条转型发展新路子。关键是在服务业市场开放上要破题发力。

第二是以破题去产能为契机调整优化国有资本布局。“十三五”时期以结构性改革推进经济结构调整，关键是国有企业去产能要有重大突破，并且在推动产业变革中发挥重要作用。

第三是把全面实施居住证制度作为深化户籍制度改革的重大目标。“释放新需求、创造新供给”的重要载体是人口城镇化，深化户籍制度改革是“十三五”时期推进人口城镇化重中之重。这不是把“暂住证”换个名变成“暂时居住证”，而是要着力推进居住证与户籍制度并轨，到2020年基本建立以身份证号为唯一标识、全国统一的居住证制度，并力争使户籍人口城镇化率（居住证率）达到50%以上，由此基本形成人口城镇化的新格局。

第四是以监管变革为重点纵深推进简政放权改革。我国经济转型发展的最大潜力在于处理好市场与政府的关系。“十三五”时期释放市场经济活力，有效发挥政府作用，关键是在简政放权基础上，推动监管变革的实质性突破。

应进一步加快财税体制改革

天津财经大学经济学院副院长　丛　屹

丛屹，山东招远人。教授，劳动经济学专业博士生导师，西方经济学专业、劳动经济学专业硕士生导师。主要研究方向：全球化与中国城市化问题研究；劳动力市场理论与政策研究；土地与房地产经济学。天津财经大学人文学院院长，天津财经大学现代经济学研究中心副主任。天津财经大学理论经济学（天津市重点学科）学科负责人。著有《中国城市土地使用制度的改革与创新》《楼市半年谈》（系列）等。曾荣获天津市第十二届社会科学优秀成果奖，一等奖，《关注科学发展观的中国演化人本经济学研究》（合著，第二作者）；天津市第十三届社会科学优秀成果奖，一等奖，《楼市半年谈：见证与反思》等荣誉。

2016年中国经济进入结构调整的攻坚阶段，也是最困难的阶段。原因有二：前期积累的债务风险和经济增速继续下滑叠加；国际经济形势也进入新一轮风险高发期，央行在货币政策的独立性、资本流动和汇率维稳三个方向陷入“蒙代尔不可能三角”的困境，极有可能倒逼央行放弃货币政策的独立性。

在实体经济运行层面，预计经济增速继续回落至6.5%左右的增速；消费增速基本稳定在10%～11%区间，不会出现明显增长；工业增加值持续回落，预计在6%左右；出口止跌回升，但增速不可能大幅回调，预计在2%的增速以下，进口下滑的趋势可能会缓解；社会固定资产投资仍然是稳定经济的主力，预计会保持在10%左右的增速。价格指数方面，CPI会出现缓慢回升的态势（1.5%左右），但PPI仍可能为负。中小企业的运行状况不容乐观，预计2016年的亏损企业数量和亏损额仍然会进一步扩大。

货币政策层面。央行进一步大幅释放流动性的做法，可能进一步造成货币贬值压力加大，从而引发汇率贬值压力进一步因稳定汇率消耗外汇储备。央行的货币政策，面临较大考验，这或许也是央行多次提到“宏观审慎政策框架”的原因。由此判断，央行2016年的降息不会太频繁，主要运用的应当是数量型工具。

财政政策层面。面临较大的下行压力，财政政策应当成为稳定性政策的关键。财税制度的改革预计面临较大的挑战。一方面，经济下行，尤其是中小企业普遍经营困难的压力，对地方财政收入的影响不小，新税源难以培育；另一方面，传统的土地财政难以为继，地方债务负担如何处理，仍无良策。为了“去库存”，一系列政策的效果难以短期内解决楼市区域分化的特征，一线城市房价涨，三、四线城市仍然继续下沉。“去库存”不是短期能解决的问题，需要通过“务实推进新型城镇化”从根本上解决。面对这种情况，预计2016年会通过加大发债力度的同时，大力推进混合经济、PPP模式、股市融资吸引社会资金进入实体项目和政府主导的投资领域。

建议加快财税制度的改革，加大对实体经济，尤其是中小企业的减税力度；加快推进新型城镇化建设，尤其是围绕区域一体化，加大基础设施项目的投入力度；加大国有资产领域的改革力度，推进混合经济，推进PPP模式。

从总供给、总需求两方面改善经济增长条件

中国社科院农村发展研究所研究员　党国英

党国英，籍贯陕西，经济学博士。中国社会科学院农村发展研究所研究员，博士生导师。2000～2014年任宏观经济研究室副主任、主任等。国务院特殊津贴获得者。国土资源部法律中心等国家机构及若干地方政府顾问。

2014年度中国农村发展研究论文奖获奖人（国内农村学术研究最高奖），论文题目：农民政治参与的行为逻辑（发表于2012年某期《中国农村观察》，与胡冰川合著）。

出版《政治经济学的范围与方法》（合译著）、《驻足边缘》（文集）、《中国农村改革》《经济学理性》《中国农业、农村与农民》《数字与影像——中国改革30年》（主编、主笔）、《变革的理性》《城镇化战略》（两人合著）等。主编《农村土地制度改革：国际比较研究》《农村治理：社会资本与公共服务》等。

主编或参与过其他多种学术著作的撰写，完成多项农村发展领域研究的报告，发表大量经济评论。

经济增长目标要在通货稳定的前提下实现，这就必须兼顾总供给与总需求两个方面。总供给条件不改善，通货膨胀水平可能会提高；总需求条件不改善，通货可能会紧缩，企业没法活。二者还会相互影响，这里不论。

改善总供给条件的关键是提高生产效率，降低生产成本，提高产业的核心竞争力。总供给曲线由所有企业的边际成本所决定；边际成本下降，均衡

增长水平就可能提高。改善总供给的具体办法不外乎以下几个方面：一是企业要在预算硬约束条件下展开竞争。为此要大力发展私营企业。二是所有生产要素要尽可能卷入市场分工体系。为此要强化市场对传统农业部门裹挟、冲击，让农村劳动力进入效率更高的城市经济部门。三是政府保持对市场独立运行的最大限度的克制。现代经济是专业化的经济，官员不能替代商人去决策。政府主要管好货币，同时把钱主要花在公共领域，至于结构与就业问题，交给市场就好。

改善总需求条件非常重要。政府用货币政策刺激总需求当然有必要，但在当下中国，最重要的是解除消费抑制，促进富裕型消费模式的建立。“吃饭一斤粮，睡觉一张床”是前工业化的消费理念，如果坚守这种陈旧理念，工业革命就不需要了，经济增长也基本不需要了。庞大的以耐用消费品为核心的制造业体系形成以后，必须辅之以新的消费观念和消费模式，其要点，一是扩大居住消费（不是高价买房）与出行消费，释放居民对保护隐私与增进自由需求。对独栋房屋的需求、去中心化的居住点选择倾向、对轿车的需求，都是需要鼓励的消费意愿。为此要大力发展以独栋房屋为主的住宅区，鼓励购买家庭轿车。二是放手发育城市型熟人社会，形成攀比型消费模式。现代社会的消费支出中攀比型消费的比重越来越大，若反对这个，经济增长就没有了动力。但支撑攀比型消费的重要社会条件是城市的熟人社会，而多层共用楼房居住模式不利于形成城市熟人社会。所以，这个改变也需要大力发展独栋房屋为主的住宅区。三是鼓励中产阶层对独立小环境品质的需求，增加私密空间供给。

2016年中国经济需提质增效

国家行政学院教授、博士生导师、决策咨询部副主任　丁元竹

1988年毕业于山东大学社会学系，获硕士学位；1988～1991年师从著名社会学家费孝通教授，毕业于北京大学社会学系，获博士学位；1994～1995年赴加拿大蒙特利尔大学做博士后研究；1999～2001年赴美国匹兹堡大学国际发展研究中心做Heinz学者。1991～1996年任北京大学社会学系副教授、城乡发展研究室主任，2001年创办北京大学志愿服务与福利研究中心并担任主任，《志愿服务论坛》主编；1996年至2008年5月任国家发展和改革委员会宏观经济研究院研究员、社会调查研究室负责人（1998～2001）、研究院学术研究会专家组成员、国家发展改革委高级职称评审委员会委员等；2008年6月至今任国家行政学院公共管理教研部教授、决策咨询部副主任。曾担任联合国、世界银行、瑞典国际开发署等若干国际组织咨询专家。

2016年中国经济形势会继续保持中高速度发展，一些长期的制约因素会进一步显现，面临挑战的压力会继续增大。

首先，从经济规模、环境生态、资源供给以及人口结构看，支撑中国经济高速增长的初始条件已经改变，经济进入平缓增长期将是新常态，在心态上必须适应更慢更持续的发展态势和更低的经济增长预期。

从国内生产总值和人口增长看，1978年中国刚刚改革伊始，当时的GDP

总量是3650.2亿元人民币、人均GDP为382元人民币。经过38年的改革开放和发展，到2015年底，GDP总量已达68万亿元人民币、人均GDP为44200元人民币，分别增长了180倍和116倍。在这样的经济规模下，从目前的资源、环境和生态状况看，持续的高速增长显然是不可能的。

从能源消费看，1978年到2014年，37年间翻了7.5倍。1980年，全国民用汽车拥有量是178.29万辆，到2014年底分别是14598.11万辆。近年来，雾霾已经波及人民的生活和健康，如此的能源消耗和环境污染，长期必定不可持续。

从人口规模和结构看，自1978年至今，中国人口增加了4个多亿，新增人口超过了整个美国人口的总和。中国进入老龄社会，人口生育率在下降，死亡率在降低，人口自然增长率也在降低，人口红利将不复存在。

其次，从全球化趋势、美国大转型经历，以及中国正在进行的转型升级看，中国已经进入全面深化改革为基础的大规模全方位转型阶段，当下，必须具备大规模全方位转型的心理基础。

美国的大转型时期实际上历经50年。进入19世纪，全球发展和繁荣的中心从东方（主要是中国）转向西方（主要是欧洲），20世纪前半叶，则从欧洲（主要是英国）转向了北美（主要是美国）。在第一次和第二次世界大战中，欧洲逐步走向衰退，美国经过半个世纪的努力，经济实力在全球范围内逐步处于主导地位，进入大繁荣时代，即20世纪的前50年。

从中国发展历程看，中国的发展也没有摆脱“低垂的果实”这一人类宿命。这个“低垂的果实”的涵义就是，从人性上来说，人们总是喜欢“挑容易的事先做，向上爬的苦事一定要等有压力才肯使劲。”[①]19世纪以来，美国就是这样，早期美国的发展得益于大量廉价的土地资源、规模巨大的缺乏教育的劳动力资源。采完“低垂的果实”，要获取“高挂的果实”必须采用新的工具，这就是技术进步。由传统的粗放型经济增长向集约型经济转变，要求经济增长从主要依靠大量物质要素的投入转变到更多的依靠非物质要素的投入。实现这样的目标，大规模全方位转型是必经之路。

中国虽为世界第二大经济体，但从国际经济格局和科技水平看，中国还不是经济强国，必须从心态上实现从建设经济大国到建设经济强国的根本转变。

从国际经济格局来看，2014年，中国国内生产总值为10.36万亿美元，占全球国内生产总值的13.3%，2014年，国内生产总值的增长速度是7.4%，在世界上是最高的，同年，世界国内生产总值的发展速度是2.5%。2014年中国人均国内生产总值是7594美元，为世界平均水平的70.28%，中国还不是一个强国。

从科技发展看，我国公共教育经费支出占国内生产总值比重仍然很低。当前，阻碍中国科技和教育发展的体制机制因素还很多，必须加快这些领域的改革来生产能够采摘“高挂的果实”的工具，实现经济的持续稳定增长。

从文化建设上看，作为一个强国在经济文明之外需要追求更高的价值、智力、道德、责任等。负责任的国家必须努力克服社会的不平等来建立一个公正的社会。如果弗兰西斯·福山说的“历史的终结”是正确的话，那么，历史的终结意味着人类建立了正确的社会体制，这种社会体制可以满足人性最深层次的要求。

① [美]泰勒·考恩：《大停滞？》，世纪出版集团2015年版，第1页。

把握养老产业的机遇与挑战

中国人民大学教授、全国公共管理专业学位研究生教育指导委员会秘书长

董克用

董克用，中国人民大学教授、经济学博士、博士生导师。享受国务院特殊津贴。

近年来，董克用主持的国家、省部级科研课题有：《2020～2030基本公共服务研究》《中欧合作项目：养老保险体系研究》《职工医疗保险缴费年限政策研究》《适应行业特点的公立医院薪酬制度》等，并且是马克思主义理论研究与建设工程第三批重点教材——《人力资源管理》首席专家。

董克用主编、出版了《劳动经济学》《人力资源管理概论》《中国经济改革30年——社会保障卷》《中国转轨时期薪酬问题研究》等多部专著与教材。研究成果获第四届中国高校人文社会科学研究优秀成果奖。

由于中国经济体量已经很大，经济增速降低属正常现象。我认为，中国经济仍然会平稳发展，所以不要太看重GDP增速。

当前，中国经济的问题在于调整结构，减少过剩产能。特别是要思考为什么出现这样大的过剩产能？产生的机制是什么？怎样避免今后出现同样的问题。

而中国面临的最大挑战是老龄化，当然，把握好健康养老产业的巨大需求也将有助于结构调整。对此，我认为，国家应该作好战略规划，完善相关

制度安排和政策体系，发展探索适合我国实际情况的产业模式和相应的政策支持措施。此外，要借鉴国际有益经验，寻求更好的办法解决养老产业中的健康产品和服务的供给问题，实现医养结合。同时，应尽快落实建立覆盖全生命周期、内涵丰富、结构合理的养老产业体系，打造一批知名品牌和良性循环的产业集群，满足广大人民群众日益增长的需求。

走过凛冬：2016年中国经济展望

恒丰银行研究院执行院长、中国人民大学重阳金融研究院客座研究员　董希淼

董希淼，恒丰银行研究院执行院长。中国人民大学重阳金融研究院客座研究员，新浪财经、新华网思客、今日头条、百度百家等专栏作家。拥有多年商业银行经营管理经验，曾在大型商业银行分支行担任多个管理职位。先后赴美国、欧洲、香港等国家和地区考察学习零售银行和私人银行。多次主持或参加中国人民大学、中国银行业协会等课题研究，并参与金融监管部门相关政策研讨，研究成果及建议受到肯定。

在《中国金融》《经济日报》《财经》等发表论文及财经评论百余篇，在业内具有较大的知名度和影响力。专著《有趣的金融》即将由中信出版社出版。2015年7月，与中国工商银行前行长杨凯生一起，被授予中国银行业“年度意见领袖”称号。

冬天已经来临，寒意逼人。

2016年，新常态下的中国经济，挑战与压力不容忽视，但结构调整力度加快。一方面，“三期叠加”效应还会持续，风险隐患增多，总体有效需求不足，经济增长具有潜在压力；另一方面，由于产业结构不断优化调整，开展创新创业寻求发展，妥善应对外部环境变化，发展面临重要战略机遇。

具体体现在：

一是消费总额增速小幅回落，消费结构将持续调整。经济整体下行、产

能过剩以及通货紧缩预期等抑制消费的因素依然存在，预计2016年我国社会消费品增速在消费环境没有较大改善的前提下，将有所下调。从地区分布上看，由于“一带一路”政策推进实施，我国与沿线国家的经贸合作加深，东西部地区的消费增速差距将缩小。同时，由于农村商品流通领域基础设施的完善和网络购物的普及，农村消费的增速将继续超越城镇消费的增速。从产业结构上看，随着“互联网+”、商贸物流、电子商务、文化旅游等新兴业态的培育，第三产业将成为新的增长极，而工业品出厂价格指数（PPI）持续下滑，以钢铁、煤炭、建材为代表的第二产业面临去库存减产能的挑战，进入深度调整区间。

二是促进投资增长的政策红利显现，投资有望实现稳定。从2015年前三季度的数据上看，房地产开发投资、铁路运输业、固定资产投资，以及政府投资占主导的基础设施投资有所下滑。但2015年前三季度固定资产投资额累计39.5万亿元，同比增长10.3%。这得益于从2014年下半年开始，政府为稳定经济增长，制定了促进稳定投资增长的政策和措施，例如加快投融资体制改革，加快项目审批速度，推进投资主体多元化，倡导PPP建设方式，鼓励民营企业投资等。这些改革红利，将在2016年得到真正释放，国内投资有望企稳。

三是净出口增速下滑压力缓解，对外经贸发展迎来新机遇。尽管国际原油价格下挫在一定程度上引致了全球需求不足，但国际环境方面，美联储加息政策落地，欧元区复苏，全球经济下行压力减缓；国内环境方面，人民币入篮SDR平稳过渡，“一带一路”、国内自有贸易试验区扩容等战略效应开始发酵，中韩、中澳自贸区的建立为周边贸易带来新的增长机遇，中国外向型企业调整大致完成，高铁、核电等“走出去”项目逐一落实，2016年我国外贸增速下滑压力将有所缓解。

2016年，供给侧结构性改革将是我国经济改革的主旋律。从财政和金融政策看，基于我国经济正处于转型再平衡关键时期的背景，实施更加积极的财政政策和更加适度的货币政策势在必行，金融改革将加快推进。

首先，继续实施积极的财政政策。在经济下行的宏观环境下，为刺激企业投资信心，有必要进一步调整中央与地方的债务结构，适度扩大中央的负债规模和比例。同时，进一步完善地方债务管理和处置机制，继续实施地方债务置换，加快政府融资平台转型，引入证券化等手段盘活企业存量资产。

其次，实施更加适度的货币政策。货币政策将继续保持事实上的“中性偏宽松”。重点关注化解过剩产能和资产重组工作，为我国经济结构调整提供流动性支持。根据经济动态，适时调整基准利率以及存款准备金率，降低社会融资成本，提供金融服务可获得性，引导社会资金流向实体经济。

同时，金融改革尤其是金融监管体制改革将加速。下一步，将加强宏观审慎管理制度，完善利率和汇率形成机制，保持汇率弹性，健全资本市场制度体系，防范金融风险，维护金融稳定。

世界“宏观经济矩形”均处于结构调整的新常态

国家行政学院经济学部副主任　董小君

董小君，国家行政学院经济学教研部副主任、博士生导师、教授、学科带头人，全国“四个一批”国家级人才，“新世纪百千万人才工程”国家级人选，国务院特殊津贴专家，国家社会科学基金经济学评审组专家，全国妇女“创先争优”先进个人，中央国家机关“巾帼建功”先进个人。获得中央国家机关首届公文大赛“特等奖”（调研报告），荣获国家行政学院教学一等奖、咨询报告一等奖。获得国家行政学院建院20周年首届精品课奖。因咨询工作突出贡献，受全国社科规划办特别表彰，被评为全国第一批决策咨询首席专家。

董小君1996年毕业于中国社会科学院研究生院，获经济学博士学位。曾任职于人民日报社、中国银行。近年来，主持过国家自然科学基金、国家社科基金、国家软科学基金、世界银行课题。近年来，董小君同志在核心期刊上发表论文百余篇。在中央级出版社出版了《财富的逻辑》《金融的力量》《中国潜在的金融风险研究》《金融风险预警机制研究》《投资银行与企业并购》等专著10余本。其研究领域涉及金融风险与金融安全、国家金融战略、低碳经济等系列问题。

从现象上看，2016年中国经济仍然面临“输入型”通缩与“供给过剩型”通缩叠加的压力。一方面，强势美元带来的“输入性通货紧缩”，中国经济面临资金外逃的风险；另一方面，供给过剩造成经济基本面下行的风险依然存在，当企业高杠杆率与经济下行周期碰头时，负面效应还会产生相互放大作用。

但从本质上看，中国经济“新常态”只是世界经济“新常态”的一个组成部分。从国际分工体系看，世界“宏观经济矩形”均处于“结构调整”的新常态。英国斯蒂芬·葛霖曾把世界经济结构分为消费国、工厂国、资源供应国和资本—货物出口国四种类型，称为“宏观经济矩形”结构。在本轮危机之前，世界“宏观经济矩形”相互依存，平衡发展，世界经济经历了长达20～30年持续增长“大稳定周期”。次贷危机破坏了这一稳定的“旧常态”。危机后，世界经济正面临深度的周期性调整。美国及欧洲等“消费国”面临金融机构和家庭部门“去杠杆化”压力。中国、印度等“工厂国”不仅面临外需萎缩和内需不足的压力，更面临高端产业回流发达国家和低端产业外移周边国家的双重挤压。俄罗斯、阿根廷、巴西等“资源供应国”，其出口既受“工厂国”需求的制约，又受“消费国”货币计价体系的影响，正面临汇率持续贬值、大宗商品价格大幅度下跌，经济达到崩溃的边缘；日本、德国、韩国等“资本—货物出口国”，因“消费国”和“工厂国”经济不确定性的影响，经济再次陷入衰退之风险。

如果只看到经济下行与结构调整艰难的一面，自然会产生悲观和无奈情绪。但历史规律表明，经济下行周期，正是实体经济“基础性创新”的爆发期。德国经济学家门施在《技术的僵局》一书中，利用现代统计方法，通过对112项重要的技术创新考察发现，重大基础性创新的高峰均接近于经济萧条期，技术创新的周期与经济繁荣周期成“逆相关”，由此认为经济萧条是激励创新高潮的重要推动力，技术创新又将是经济发展新高潮的基础。熊彼特“创造性破坏”理论指出，创新带来全新的领先产品，使资本主义经济继续扩张。随着金融危机的爆发与影响深入，越来越多的国家重新意识到实体经济的重要性，产业政策着眼点从需求方的政策转向了供给方。不同类型的经济体纷纷提出了自身的战略，如美国“工业互联网”、德国“工业4.0”战略。中国也不例外，正努力从外部和内部两个方面构建经济良性循环体系，一方面，通过“一带一路”战略，与欧亚国家形成新的产业循环体系，为世界经济增长带来新的动力。另一方面，明确提出“中国制造2025”与“互联网+”战略，努力从传统的投资驱动向创新驱动转型，通过供给侧改革，加大结构调整力度，全方位地为下一周期的繁荣做准备。

2016年中国经济仍将处于L型的底部

国家行政学院经济学部教授　冯俏彬

冯俏彬，国家行政学院经济学部教授、博士生导师，经济学博士、博士后。新供给经济学50人论坛成员。北京师范大学、山东大学兼职教授。中国财政学会理事。第三届黄达—蒙代尔经济学奖获得者。2005～2006年美国哈佛大学肯尼迪政府学院访问学者。

著有《私人产权与公共财政》《应急财政：基于自然灾害的资金保障体系研究》《应急管理与公共财政》《新型城镇化进程中的行政层级与行政区划改革研究》等四本专著，参著、参编若干（近期重点参编了人民出版社出版的《中国供给侧结构性改革》一书）。已在《人民日报》《光明日报》《新华文摘》《财政研究》《经济学动态》《财贸经济》等重要报纸、学术期刊上发表论文、文章160余篇，在政府经济管理、公共经济理论与实践等方面有独到建树。近年来关于减税降负的系列文章受到社会广泛关注与好评。先后主持或参与国家级、省部级、各类委托课题30多项。

2016年是“十三五”规划的开局之年。纵观国际国内形势，我认为2016年中国经济仍然将处于L型的底部，调整下降趋势不可避免。

主要原因是，第一，随着中国经济体量成为世界第二，与国际市场的联系已十分紧密，任何国际上重大的政治、经济事件都将对我国产生激烈的影响。反过来，中国经济对于其他国家的影响也在日益增加。从国际经济形势上看，以石油为代表的大宗商品价格仍然处于下行通道之中，以波罗的海指数衡量的全球货状况连续几个月处于极度萧条之中。从国际地缘政治上看，全球范围内不稳定因素十分明显，迄今为止尚没有看到转好的迹象。

第二，从国内看，各方面的调整远远没有完成。一是供给侧改革才处于上弦之时，涉及重大方向性的、对各方面产生极大提振信心的根本性改革还没有出现；二是以互联网为主的新经济虽然在成长之中，但体量仍小，不足以替代传统制造业衰退后留下的巨大空间；三是一些制约中国经济转型升级的重大制度性因素还没有实质性消除；四是由于种种原因，当前各方面对于改革与经济持续繁荣的信心正在减退。综合以上几个方面的因素，我认为2016年中国经济仍然处于艰难调整期。

关于结构改革。一方面，我们看到，党中央、国务院以极大的决心推出了一些重大改革措施，如行政审批制度改革、财税改革、国企改革、金融改革、社保改革等，但由于各种复杂因素的影响，这些改革措施往往没有完全落地，大大消减了其本来应有的效果。以行政审批制度改革为例，这几年的改革力度不可谓不大，但改革稍有深入，便触碰到深层次的法律、体制、部门协同、精细管理等问题，改变起来非一日之功。再以财税改革为例，预算制度改革方面收效比较明显，但中央与地方财政体制、税收制度改革就迟迟没有实质性进展，特别是中央与地方的财政体制的适当调整，对于当前去产能、去房地产库存等紧迫任务都具有“指挥棒”的关键引导作用，但很可惜这些方面的改革始终议而难行。不过与此同时，我们也注意到，以补短板为目标的社会保障制度改革在历经艰难之后，一再取得突破性进展，城乡居民养老保险、医疗保险顺利并轨、机关事业单位人员医保正式启动等称得上是这一宏大改革画卷中最引人注目之处。

总之，中国经济发展到今天，已不可能退回到与世界经济联系相对较弱的过去，现在的情形是逆水行舟，不进则退。面对复杂变化的国际形势，只能迎难而上。

今后一个时期，应重点加强金融方面与国际市场的互动，防止全球金融风险对于国内经济产生过于强烈的影响。国内则要做好供给侧改革这一篇大文章，在全面深化改革的同时，一是要重点推出一到两项类似于“建立社会主义市场经济体制”这样的方向性改革，以进一步明确改革方向，增强各方面的信心。二是对于已经推出的各项改革，要有实质性地落实、评估、改进措施，防止仅仅停留在出台文件的层面上，要让社会各方面能看到改革的进展情况，有实实在在的行动感。三是坚定不移地推动经济转型升级，一方面为处于艰难调整期的传统产业做好各类托底与保障工作，另一方面要破除各种利益纠缠，为“互联网+”经济打开更加广阔的成长空间。四是处理好政府与市场的关系，防止政府替代市场，以更好地发挥政府作用来实现市场配置资源的决定性作用。

依法治企是企业改革和经济稳定发展的基石

北京师范大学公司治理与企业发展研究中心主任，经济与工商管理学院教授，

国家社科基金首席专家　高明华

高明华，现为北京师范大学公司治理与企业发展研究中心主任，教授，博士生导师，国家社科基金重大项目首席专家。兼任教育部工商管理类专业教学指导委员会委员，新华社特约经济分析师，上海证券交易所首届信息披露咨询委员会专家委员，以及多家研究机构的学术委员或研究员。研究方向包括公司治理、国企改革和民企发展。其提出的国资三级运营体系、国企分类改革和分类治理、国企负责人分类和分层等多种观点均为国家及有关政府机构所采纳。其开发的“中国公司治理分类指数系列报告”（6类14部）被国内外专家认为是“可以列入公司治理评级史册的重要研究成果”。2014年10月，发起成立“中国公司治理论坛”，并担任论坛主席。目前已出版著译作49部，发表论文300多篇，主持国际和国内各种重要课题40余项。

党的十八届四中全会提出依法治国的理念，依法治国落实到企业便是依法治企，依法治企直接关系到企业改革的成败以及可持续发展，进而影响到中国整体经济的稳定发展。

依法治企需要企业相关法律的立、改、废、释，这是一个系统工程，难以一蹴而就，但2016年必须迈出坚实的一步。我认为，至少有三个法律需要尽快启动修改或新立。

一是《国有资产法》。至少应修改两个方面：其一，国有企业必须分类，每类国有企业应该具有纯粹功能。其二，国有资本交易程序的规定必须客观，符合市场原则。

二是《公司法》。修改主要是确保股东（大会）、董事会和经理层的权责明晰，保证权力和责任的对称，并实施到位。应特别强化三个方面：其一是保障中小投资者在股东大会中的权利。其二是明确董事会是股东和公司的受托人。其三是要确立总经理在经营层的权威和“一把手”地位。

三是《证券法》。其一是加入集体诉讼和索赔条款。其二是加入内幕交易处罚条款。其三是加入强制分红条款。目的是通过保证投资者收益，以及提高违规成本至违规者不敢越雷池一步的程度，以最大化投资者权益保护。

2016年结构性改革的步伐将更加坚定

国家发改委特邀研究员、中国社科院特聘研究员　郭凡礼

郭凡礼，财经评论家、国家发改委特邀研究员、中国社科院中国新型城镇化发展研究课题组特聘研究员、新浪财经专栏作家、央视《环球财经连线》财经评论员、《凤凰卫视》特约评论员、《深圳卫视》特约评论员。主要从事资本市场、宏观经济、区域经济等研究，现居深圳。

郭凡礼先生长期对国内重点产业如能源、流通、医药、食品、环保、地产、文化、旅游等领域进行调研与分析，同时在国内外宏观经济及区域经济之间的发展与合作方面拥有独到见解。郭凡礼长期接受中央电视台、凤凰卫视、香港电视台及国内各大媒体报道，其研究成果每天在国际国内知名报纸杂志上发表，郭凡礼先后参与国内诸多地区产业发展规划与编制，并受到了当地政府高度赞同。

中国经济发展长期向好的基本面没有变，但是当前全球经济环境复杂，结构调整任务繁重，经济运行中一些深层次矛盾不断激化，经济下行压力依然不小。

宏观层面来看，由于房地产面临“去库存”压力，房地产投资增速可能继续下行；考虑到劳动力成本上升、全球经济复苏缓慢、美联储利息政策不确定性等因素的影响，预计2016年出口还会出现小幅下滑；与外贸遇冷、投资增速回落不同，2016年消费对GDP的贡献率会上升，但是消费毕竟不直接

创造价值，2016年经济总量增速继续下滑几乎可以预见。

对应中国产业结构优化，经济在中观层面将会进一步分化。2016年是传统制造业、工业转型升级关键的一年，钢铁、水泥等传统产业继续收缩，而新能源、环保、高端制造等代表时代发展趋势的新兴产业则会不断成长；技术服务和金融服务会是2016年最具成长性的服务业，但也面临着技术升级、债务危机等方面的难题。2016年，去产能、去杠杆会减缓经济增速。

在新常态的背景下，中国经济发展的根本动力应该来自于制度变革、要素升级和结构优化这“三大发动机”，其中，结构性改革是优化结构的基础，也是提升制度变革、要素升级经济效应的保障。中国经济当前面临的问题是结构性问题，而非周期性问题，2016年国家结构性改革的步伐将更加坚定。

长期以来，我们的改革思路都是从需求侧出发，以拉动投资、消费、出口来带动经济增长，在“三驾马车”动力不足的情况下，就需转变改革思路，从供给侧探索经济发展新动力。宏观调控手段也会随着改革思路而有所转变，2015年货币政策是主角，经过多次降准降息，中国现在正式进入“负利率”时代，利率下降空间已经很小，货币政策的边际效应在递减，2016年政策重心将向财政政策转移。

产业结构、区域结构、收入分配结构将是2016年结构性问题的重点改革对象。2016年产业结构调整将围绕“去产能、去库存、去杠杆、降成本、补短板”五大任务展开，钢铁、煤炭等传统资源性产业、房地产、金融业是主要的改革对象，服务业比重将继续上升；在区域结构优化方面，农村改革是2016年的主题，新一轮农村改革指向土地改革、农产品价格改革以及公共服务改革三大领域，与此同时，户籍改革也会稳步展开；为充分调动人民建设国家经济的积极性，收入分配结构改革被提升到一个新的高度，反腐、国企改革、税收制度改革、养老金制度改革在2016年都会逐步推进。

2016年对中国而言，是困难的一年，但同时也是变革的一年，如果这一年结构性改革能够取得突破性进展，将为“十三五”开一个好头，中国经济发展的春天也就不远了。

“需求与供给双向施策”激活稳增长的“多元动力”

中共中央党校经济学部主任　韩保江

韩保江，经济学博士，现为中共中央党校经济学教研部主任、教授、博士生导师。主要研究领域包括对经济体制改革、国有企业改革、收入分配、当代世界经济、经济全球化等问题有独到而深入研究。学术简历：1982年8月～1986年8月，河北大学经济系学习，获得经济学学士学位；1990年8月～1991年8月，中央财经大学学习，参加国民经济管理与计划硕士学位课程进修班；1993年8月～1996年8月，南开大学经济系学习，获得经济学博士学位。2005年6月～2006年1月，赴美国杜克大学进修。工作简历：1986年7月～1990年7月，任职于河北大学；1991年8月～1993年8月，任职于河北大学经济系；1996年8月～2012年10月，任职于中共中央党校经济学部（1998年4月～1999年4月在河北省大名县挂职，任政府副县长；2004～2012年任中央党校经济学部副主任）；2012年10月～2015年4月，任中共中央党校国际战略所所长；2015年4月到现在，任中共中央党校经济学部主任。主要研究成果包括：

个人专著：①《西方世界的拯救——现代资本主义收入分配制度变迁与贡献》，山东人民出版社1997年出版；②《全球化时代》，四川人民出版社2000年出版；③《刀尖上的舞者——中国职业经理人制度建设案例研究》，时事出版社2004年出版；④《中国奇迹与中国发展模式》，四川人民出版社2008年出版；⑤《瞭望中国——关于中国发展前途的思考》，中共中央党校出版社2013年版。同时，主编与合著的著作有《国际市场学》《国际金融学》《中国经济：2005年年度观点》《劳动关系概论》《当前中国经济热点18个怎么看》《加快转变经济发展方式政策与实践》《当代世界经济》

等著作和教材20多部。在《经济研究》《人民日报》《光明日报》《经济日报》《解放军报》《瞭望》《理论动态》等著名报刊上发表论文200多篇，有多篇被《求是》《新华文摘》和中国人民大学复印资料全文转载。

2016年中国经济依然将面临巨大的经济下行压力，因此，“稳增长”将必定是今年作为“十三五”开局之年经济工作的“头号任务”。尽管依然要把“稳增长”作为今年经济工作的第一要务，但与往年的“稳增长”不同，其起点更高，要求更多。

从经济规律来看，发展基数越大，维持速度越难。特别是要在经济增长中体现创新、协调、绿色、开放和共享等新发展理念的要求，因此，今年经济工作的任务将更加艰巨。

首先，要增强发展信心，妥善处理好短期与长远的关系。没有信心，不仅投资预期会受到影响，而且消费的积极性也会下降。但很多发展潜力不是短期能释放的，特别是依靠创新驱动不可能马上见效，因此，为了稳增长不能不重视投资、房地产等对经济增长的贡献。

其次，要实施更加积极的财政政策和适度宽松的货币政策，努力扩大投资需求和消费需求，努力挖掘需求侧的经济增长动力。现在我们财政资源的潜力还很大，有不少财政资金存量趴在账上“睡大觉”。要打破一些条条框框的限制，改变不合理规定，切实把沉淀资金盘活，用来促进发展和提高人民生活水平。从全球范围来看，我国财政赤字率和负债率并不高，因此，实施更加积极的财政政策是有空间的。同样，货币政策也可以再适度宽松一些。现在不是通胀压力而是通缩风险。我们不仅要继续灵活运用数量型、价格型货币政策工具适时降准、降息，以保持市场充足的流动性，而且要实施定向降准、降息的办法，加快对“三农”、小微企业、新兴产业、绿色产业等支持力度。

最后，大力推进供给侧结构性改革，推动结构升级、创新驱动发展和体制机制创新，不断为各类经济主体减负，努力培育促进经济增长的供给侧动力。要大力实施创新驱动战略，推进大众创业、万众创新，增强发展动力和活力。要积极稳妥推进企业优胜劣汰，通过兼并重组、破产清算，实现市场出清。要帮助企业降低成本，包括降低制度性交易成本、企业税费负担、社会保险费、财务成本、电力价格、物流成本等，打出一套“组合拳”。要化解房地产库存，通过加快农民工市民化，推进以满足新市民为出发点的住房制度改革，稳定房地产市场。要防范化解金融风险，坚决守住不发生系统性和区域性金融风险的底线。要深化改革开放，继续深化简政放权、放管结合、优化服务，加大国企、财税、金融、社保等重要领域和关键环节改革力度，推出一批具有重大牵引作用的改革举措。要切实保障人民群众基本生活，保持社会和谐稳定。要抓好“一带一路”建设，促进国际产能合作，抓好重大标志性工程落地。要改善国内投资环境，保护外资企业合法权益，保护知识产权。

加大供给侧结构改革，宏观经济有望企稳

中央财经大学应用金融系主任、教授，央视财经评论员　韩复龄

韩复龄，中央财经大学金融学院教授，博士生导师，应用金融系主任，金融证券研究所所长，央视财经评论员，全国人大财经委、中国人民银行研究局咨询专家，人力资源与社会保障部博士专家团首席金融专家。波兰西里西亚大学经济学博士，中国社会科学院经济研究所博士后，美国哥伦比亚大学、荷兰蒂尔堡大学、澳大利亚维多利亚大学高级访问学者。

著有《投资银行学》《中国投资前景报告》《公司并购与企业重组》等著作20余部，承担部级以上课题15项，发表学术论文、研究报告100余篇。

担任清华大学、北京大学、上海交通大学、浙江大学、上海财经大学、华中科技大学等校MBA、EMBA项目客座教授，中国工商银行、中国建设银行、中国银行、交通银行、中国邮政储蓄银行、中国民生银行、平安保险、新华保险等金融机构咨询顾问及培训导师，中国石化、国电集团、海南航空等公司融资顾问及培训讲师。兼任数家上市公司独立董事。

兼任中央电视台、中央人民广播电台、新华社、北京电视台、中新网等媒体财经评论员。

2016年或许是宏观经济压力最大的一年，但同时也是为中国经济长期可持续健康发展奠定基础最为重要的一年。2012年以来，随着我国经济进入“换挡期”，经济增长面临“三期叠加”的压力，GDP增速连续11个季度呈

下行趋势，到2016年，这种下行压力仍然存在一定的惯性。

一方面是供给端收缩，产能过剩致生产减速不止，去产能进入深水区，生产利润双回落，另一方面是需求端赶底，在制造业、房地产“两驾马车”失速背景下，新千年以来投资增速首次进入个位数。但从积极因素来看，我国经济结构调整和产业结构升级逐步提速，新型工业化、信息化、城镇化、农业现代化深入推进，内需和供给增长潜力巨大，新兴产业加快发展，新的增长动能正在加快孕育，全面深化改革开放也将释放更多制度红利，创新驱动力日益增强。综合来看，我国经济仍然具备中高速发展的条件和潜力，预计2016年GDP增长将由下行趋势转为企稳趋势，全年有望实现6.7%的增长。

长期以来，中国经济增长一直靠传统的“三驾马车”——投资、消费和出口，这些实际上都是需求侧方面，在依赖需求侧刺激经济增长的模式不可持续之际，当务之急是必须着手对供给侧的生产要素的供给和有效利用进行调整，注重数量和质量两项指标，提升中国制造业创新升级和产品升级，满足广大消费者不断增长的高质量需求，从根本上刺激内需，来引导中国经济转型升级和持续增长。

供给侧改革更多的是强调对于未来一个阶段国内经济可能出现的“阵痛”对于去产能的决心，这既伴随着旧经济的经营情况持续恶化、现金流几近枯竭，宏观经济数据的下行风险依然较大，又要侧重对于新经济增长要素的培养。因此，必须改变思路，改从供给端入手，以高效的制度供给和开放的市场空间，激发微观主体的创新创造的潜能，全面提升劳动生产率，实现强国富民，改善生态民生，进而打造长期、可持续的新驱动力。

为保证2016年宏观经济增长逐步趋稳，需要更加积极的财政政策和相对宽松的货币政策相配套。财政政策上，将继续发挥稳增长、调结构的作用。一是财政赤字将更加积极支持“稳增长”，预计2016年将安排公共财政赤字1.8万亿元左右，预算赤字率由2015年的2.3%增加到2.5%～3%左右，总量则由2015年的1.6万亿元增加到2万亿元左右，规模明显扩大。二是继续加大债务置换力度，缓解地方债务风险，对于地方的存量债务在一个较长的过渡期内允许继续通过借新还旧的方式缓解风险，加大PPP等政府融资新模式的规模。对于区域财政风险较大的省市自治区，中央政府也会加大转移支付的力度，以期用最小的代价来换取财政风险的缓解，避免暴露更大的系统性风险。

货币政策上仍将在稳健的基调下保持适度宽松。为应对中国当前周期性问题和结构性问题叠加，无论是防止经济的惯性下跌，降低金融风险，都需要低利率的环境配合。2016年货币政策仍将在稳健的基调下保持适度宽松，为“稳增长”保驾护航。央行需要保持充裕流动性的低利率环境，但又不宜过于宽松，影响到市场的有效出清。

充分发挥金融在结构改革中的核心作用

——对2016年中国经济形势的总体看法以及结构改革的建议

中国社会科学院金融研究所党委书记、副所长、研究员　何德旭

1962年生，汉族，男，湖北潜江人；中共党员，经济学博士，研究员，博士生导师，享受国务院政府特殊津贴；曾任中国社会科学院财贸经济研究所副所长、中国社会科学院数量经济与技术研究研究所党委书记兼副所长，现任中国社会科学院金融研究所党委书记、副所长；兼任中国金融学会、中国投资学会、中国市场学会常务理事等职。

2016年，中国经济仍将面临十分复杂的形势和极为严峻的挑战。一方面，中国经济还处在“三期叠加”阶段，经济下行压力依然较大；结构性产能过剩比较严重；企业经营压力和困难增加，一些领域特别是金融领域的风险还在积聚；相当多的投资者、消费者和生产经营者预期不稳、信心不足。另一方面，世界经济仍处在深度调整之中，经济复苏缓慢，市场动荡加剧，各种不稳定、不确定因素明显增加，进而通过各种途径影响甚至制约中国经济发展。

针对经济新常态下的新问题，尤其是日益突出的经济发展不平衡、不协调、不可持续问题以及愈发凸显的供给面无法适应需求面升级的矛盾，2015年年底召开的中央经济工作会议提出；“今后一个时期，要在适度扩大总需

求的同时，着力加强供给侧结构性改革”。毫无疑问，这是妥善应对诸多重大风险挑战的必然选择和明智选择。

供给侧结构性改革作为适应和引领经济发展新常态的重大创新，旨在提高供给体系的质量和效率，化解过剩产能和过度供给，同时弥补部分领域的供给不足。2016年是推进结构性改革的攻坚之年，必须依靠和推进全面深化改革，这其中，除了大力推进国有企业改革、加快财税体制改革等以外，还需要重点推进金融体制机制改革并充分发挥金融的核心作用。

一是要继续实施稳健的货币政策，适时预调微调、保持灵活适度，提高货币政策调控的针对性和有效性，充分发挥货币政策逆周期调节和结构导向功能，做好与供给侧结构性改革相适应的总需求管理，为经济结构调整和企业转型升级营造适宜的货币金融环境，促进经济持续稳定发展。

二是持续推进金融的市场化改革，加快金融体制机制转换，推进金融创新发展，充分发挥市场在金融资源配置中的决定性作用，特别是要注重盘活存量，优化增量，改善融资结构和信贷结构，助力“去产能、去杠杆、去库存、降成本、补短板”任务的完成，加大力度支持经济发展新动能的形成。

三是疏通货币政策向实体经济的传导渠道，提高金融运行效率和服务实体经济的能力，尤其是要大力发展绿色金融体系和普惠金融体系，大力发展资本市场，扩大直接融资比重，降低融资成本，引导金融机构进一步加大对重点领域和薄弱环节如中小企业、“三农”、环保产业等的支持力度，助力产业结构的战略性调整。

四是采取综合措施防范和化解金融风险，维护金融稳定，确保不发生系统性、区域性金融风险，为结构性改革创造稳定、有序、宽松的金融环境。

稳定预期首先需要稳定政策规则

北京师范大学经济与工商管理学院教授　贺力平

贺力平，1987年硕士毕业于中国社会科学院研究生院世界经济与政治系。1996年获伦敦大学亚非学院经济学博士学位。2002～2003年作为富布莱特学者访问纽约哥伦比亚大学商学院。现任北京师范大学经济与工商管理学院金融系教授，国际金融研究所所长。近年来主要中文著作有：《金融改革开放与中国国际收支再平衡》（与樊纲合编），上海远东出版社2012年版；《“不可能三角”再探讨：资本账户开放、国际收支平衡调整与人民币汇率改革相互匹配研究》（与张燕生合编），中国商务出版社2011年版。

2015年，中国经济的几大指标都应当支持人民币汇率的基本稳定。首先，经济增长虽然较前年继续有所下行，但减速的程度并不特别巨大。而且，中国经济增长率仍在世界各国中名列前茅。其次，中国继续保持大量贸易顺差和经常账户顺差，而且，贸易顺差或经常账户顺差与国内生产总值的比率在2015年比以前还有升高。再次，虽然国内利率有几次下调，国外又有美联储的加息预期和行动，但国内外利差的基本行情仍然是国内利率水平显著高于国外。按照经济常识，人民币对美元汇率没有理由出现严重贬值预期。也就是说，市场应当相信人民币汇率的基本稳定，而不是去追随那种看空人民币的预期或做法。

但是，实际情况却是人民币贬值预期似乎一直“挥之不去”。在这个背景下，动用外汇储备仿佛成了稳定人民币汇率的基本手段。2015年一年中，外汇储备余额减少了5126亿美元，其中多数或用在了外汇市场干预上。这种情形，多少有些像教科书里“第一代货币危机模型”所描述的情形，即一国汇率稳定与否从根本上说取决于该国拥有多少外汇储备。

这种情况显然不是理想的。一国外汇储备再多也不可能是无限的。更重要的是，从国际经验看，一国货币汇率稳定与否从根本上说与该国所拥有的外汇储备多少没有直接关系。只要坚持实行基于规则的并有透明度的货币政策，即使一个国家在遭遇经济衰退，面临贸易逆差，或者国内金融市场利率显著低于国外水平，本国货币也不必然出现持续性的严重贬值。2009~2012年期间美联储的量宽政策并未伴随美元汇率的持续性和大幅度贬值。2013年以来欧洲中央银行推出了“欧洲版”的量宽政策，欧元对美元汇率虽有贬值，但贬值幅度十分有限。2015年底以来，日本银行（日本的中央银行）开始对部分存款准备金实施负利率措施，日元资产收益率进一步走低，但日元对美元汇率也没有出现大贬。在这三个事例中，有关中央银行并没有直接地动用外汇储备。

为什么这些经济体能在一些宏观经济指标并不理想的情况下还能避免货币的大幅度贬值？根本原因在于这些经济体中的中央银行实行了基于规则的货币政策。在它们需要向市场“放水”的时候，明确告诉市场央行将以何种方式通过哪些途径向市场“放水”，并在什么时候结束“放水”。市场知晓并相信央行的行为方式。正是出于这个缘故，市场参与者并不认为本币资产的价值将因央行作为而受到不利影响，他们也就没有理由将本币资产转换为外币资产从而推动本币贬值。

总之，为了中国经济的顺利转型，包括货币政策在内的宏观经济政策行为方式必须增强规则性和透明度，赢取市场信任，从而也促使政策调整得以实现其理想效果。

进一步改善需求管理，促进中国经济稳定增长

美国康奈尔大学经济学与国际研究讲席教授、

厦门大学经济学院与王亚南经济研究院院长　洪永淼

洪永淼，教授，美国加州大学圣地亚哥校区经济学博士，现为美国康奈尔大学经济学与国际研究讲席教授、发展中国家科学院院士、中央“千人计划”入选者与“长江学者”讲座教授、教育部高等学校经济学类专业教学指导委员会副主任委员、厦门大学经济学院与王亚南经济研究院院长。曾任中国留美经济学会会长（2009～2010年）。现任中国工商银行股份有限公司独立董事。

2016年的中国经济面临着严峻、复杂、多变的国内外形势。一方面，中国经济拥有健康的基本面，以及不少积极因素，尤其是供给侧的若干重大改革，为中国经济长期持续中高速发展打下了坚实的基础。另一方面，也应该注意到，欧洲、日本经济长期低迷，对外需求羸弱；美国经济虽然温和复苏，但美联储的加息加速国际资本从新兴国家流向美国，造成新兴国际金融市场的波动。而自从金融危机之后，美国、欧盟、日本相继实行量化宽松、变相货币贬值，并对新兴国家输出其金融、债务危机，其影响还在持续中。所有这些，对正步入新常态的中国经济造成了巨大的外面压力与挑战。

面对复杂多变的国内外经济形势，党和政府及时提出了供给侧改革等

一系列经济政策，包括简政放权、大众创业、万众创新、放开二胎政策，等等。供给侧改革，无疑将正面地影响到中国经济的增长潜力与增长空间，在这方面，还可以做很多工作，例如对中小企业减税，完善税制税率；又如客观评估新劳动合同法的实施效果，在保护工人权益的同时，兼顾企业权益与企业生产效率。

与此同时，我们应该看到，在需求侧方面，中国经济仍然有很大的改善与提升的空间，尤其是在目前产能过剩、经济下行的困难时期，改善需求管理可以在较短时期显著提高有效需求。

第一，大力推动城镇化建设与农村现代化，提升与扩大投资需求。中国城镇化的程度还比较低，城镇化伴随着工业化和农村现代化，包含着巨大的投资需求。应该尽快将城镇化和农村现代化作为目前经济工作的一项重点战略任务，大力增加国家投入，并结合社会资本和土地流转迅速有效增加投资需求。

第二，制定合理的消费政策，保持消费持续稳定增长。目前，消费增长显著高于经济增速和劳动增长率增速，这是当前中国经济的亮点，也是一个隐忧。因为消费取决于收入，而收入不可能长期高于劳动生产率增速与经济增速。应该通过减税，特别是对中低收入群体减税，有效增加广大城乡居民的可支配收入，保持消费稳定增长。同时，精细化、合理化目前的若干消费政策。例如，中央“八项规定”在有效遏止公款消费，贪污腐败方面，是完全正确的，其实效也是有目共睹的。在西方国家，限制公款消费的政策规定事实上在很多方面比我们目前实行的政策还要严格。但是应该看到，有些部门在制定执行“八项规定”的具体措施时，采取了一些不符合经济规律的做法，在一定程度上损害了正常的消费及相关行业的发展，例如，有些部门规定公务接待只能在本单位的餐厅或食堂，这实际上并没有降低消费成本，而且造成了已高度竞争的社会化餐饮业的需求下降，不利于全社会餐饮业的发展。事实上，只要严格规定控制消费额度，并且完善监督管理机制，没有必要限制在没有竞争力的本单位餐厅或食堂，这样可以促进全社会餐饮业的健康发展。

第三，金融危机之后，美、英、日、欧盟相继实施量化宽松，变相货币贬值，严重损害了中国外贸竞争力。美元加息之后，随着国际资本从世界其他地方流入美国，美元成为强势货币。在这种情况下，应该加速人民币与美元脱钩，实行新的具有弹性的人民币汇率政策，这是在短期内保持、提升中国外贸竞争力、扩大外需的最有效做法。中国不宜经常向世界保证人民币不贬值。

第四，目前中国人海外购物的需求约为每年一万元人民币，而且增加的速度很快。应该采取多管齐下的方法（包括严格执行海外购物的海关关税政策），引导海外购物需求回流国内，增加国内有效需求。哪怕是通过减免关税降低在国内销售的高档奢侈品价格，也可以增加国内就业及其他服务的需求。

2016年中国具有实现较快增长的潜力和办法

国务院发展研究中心发展战略和区域经济研究部部长、研究员　侯永志

侯永志，安徽阜阳人，国务院发展研究中心发展战略和区域经济研究部部长，研究员，2007年国务院政府特殊津贴获得者。

1984年毕业于合肥工业大学电气工程系工业企业自动化专业，获工学学士学位；1984年8月至1987年8月在天津电气传动研究所工作；1987年9月至1990年4月在南开大学经济研究所读书，获经济学硕士学位；1990年4月至今，在国务院发展研究中心工作，期间曾于1994年4月至1995年4月赴美国宾西法尼亚大学进修。

主要从事发展战略和区域经济方面的研究。作为研究主力或项目协调人，参加过《经济体制改革总体思路研究》《2030年的中国》《中国：推进高效、包容、可持续的城镇化》《“陷阱”还是“高墙”：中国发展面临的真实挑战》《农民工市民化》《“十二五”规划研究》《中国城镇化：前景、战略与政策》《“十一五”规划基本思路和2020年远景目标研究》《“十五”计划思路研究》《中国经济发展的回顾与前瞻研究》《中国中长期经济增长潜力研究》《中国地区发展综合研究》《中国跨世纪区域协调发展战略研究》等项课题的研究。其中，《中国跨世纪区域协调发展战略研究》《中国经济发展的回顾与前瞻研究》《“十五”计划思路研究》分获1997年度、1999年度和2001年度中国发展研究一等奖，《“十一五”规划基本思路和2020年远景目标研究》获2005年度中国发展研究奖特等奖，《“陷阱”还是“高墙”：中国发展面临的真实挑战》获2013年中国发展研究特定奖，《“陷阱”还是“高墙”：中国发展面临的真实挑战》和《农民工市民化》获孙冶方经济科学奖一等奖。在人民生活方面也有较为丰富的研究成果，参与过国家自然科学基金“八五”重点课题《科学技术的变化对消费的影响研究》。

侯永志

2016年中国具有实现较快增长的潜力和办法

2015年，中国经济发展取得了良好业绩。不仅一系列宏观经济运行数据——如GDP增长、就业增长、物价指数——反映了这一绩效，而且区域经济运行的状况也反映了这一成绩。从各省业已公布的数据来看，大部分省市区的GDP实际增长都超过了8%，只有少部分省市区的GDP实际增长低于7%。在这些少部分省市区中，北京和上海的GDP实际增长率都是6.9%。但它们的人均GDP都超过了10000美元，是相对成熟的经济体，能达到这样的增长率实属难能可贵。真正值得高度关注的只有辽宁、黑龙江等少数几个省区。即使是这些地区，它们在结构转型方面也取得了一些积极进展。

2016年，中国经济仍有实现中高速增长的坚实基础和良好条件。中国经济增长正处于结构转型和速度换挡期，劳动力供给、资源环境成本、技术追赶空间和外部市场需求等因素正在发生变化。但是，无论是从需求侧看，还是从供给侧看，中国经济都仍然具有实现较快增长的潜力；无论是从已有的政策效应看，还是从可供以后选择的政策工具看，中国都有条件把增长的潜力变为现实的增长。概括地说，中国在2016年实现较快增长，既有潜力，也有办法。就潜力而言，中国的消费需求还会继续较快增长，投资需求还有巨大空间释放，国民储蓄率依然会维持较高的水平，能够学习借鉴发达国家先进技术的领域仍然广阔，自主创新的能力也在不断增强。就办法而言，积极的财政政策还有加大力度的余地，稳健的货币政策还可以进一步灵活，产业政策在改善资源配置状况方面还可以发挥更大作用，民生政策的实施还可以释放更多需求，改革政策的落实将进一步激发全体民众创新创造热情。

对于2016年的发展前景，我们应有乐观的预期。理论分析和实证研究都表明，建立在客观认识发展条件、理性分析发展前景基础上的良好预期，对稳定经济增长能起到正面作用。当然，实现经济发展的美好愿景，除了要有坚定的信心外，更主要的是要制定和实施科学的经济社会管理和治理政策。正如2015年中央经济工作会议所强调的，“宏观政策要稳，产业政策要准，微观政策要活，改革政策要实，社会政策要托底”；要通过全面深化改革，完成去产能、去库存、去杠杆、降成本、补短板这五大供给侧结构性改革重点任务。这里需要强调的是，实现经济发展的美好愿景，要更加注重科技进步在推动产业转型升级中的基础性作用。如果没有技术的进步及新技术在产业发展领域的广泛应用，就不可能提高产品的附加值，就不可能在国际产业分工中占据有利地位，就不可能完成结构转型这一艰巨任务。而推动科技进步，对于我们这样一个创新资源总量大而人均创新资源不足的国家来说，最重要的途径是优化配置和统筹使用创新资源，特别是要优化配置和统筹使用政府所掌握的创新资源。

2016年中国新常态下的持续转型升级

国务院国资委研究中心研究员　胡　迟

胡迟，国务院国资委研究中心研究员。毕业于北京大学经济学院，经济学博士，美国华盛顿大学高级访问学者。

曾在财政部综合司从事价格政策与宏观经济运行分析，某国有担保公司（央企）从事担保融资分析工作，某国有大型企业集团（电子信息行业）任总裁助理。曾任中国企业联合会、中国企业家协会研究部副主任。

被国内数家主流财经媒体聘为特约研究员或合作专家，在国内主流媒体发表文章百余篇，有多篇论文被国外媒体及《新华文摘》引用及转载。

曾经被授予“新时期有突出贡献的中青年管理学家”。

主要研究领域：经济运行与宏观调控、制造业转型升级、企业可持续发展战略。

展望2016年，我国经济长期向好的基本面没有改变，我国在总体上仍然处于发展战略机遇期，发展的韧性、空间、动力在客观上仍然具有支撑经济增长实现中高速的基本潜力和条件。我认为，2016年经济走势会表现出以下四个方面的主要特征：

一是经济增长稳中略降。在“三期叠加”的新常态下，我国经济增长依然面临复杂的国内外经济环境和不断加大的下行压力，宏观经济将延续“十二五”以来的走势，其增长幅度将呈现稳中略降的态势，继续寻求探底，但仍然处于这个发展阶段的合理区间内。作为“十三五”规划开局之年，2016年规划中的重大建设项目将逐步启动，给企业带来许多投资机会。从市场面看，随着市场化改革的不断深化，简政放权、放管结合、优化服务以及不断释放改革红利，将会降低政府的服务成本，逐步提升市场活力，为企业的经营活动提供有效服务。

二是步入创新发展轨道。近年来，我国经济的增长动力机制已经发生了积极变化，2016年，经济增长的创新驱动特征将更为显著。其一，大力推进“双创”的若干政策措施将逐步落实，“互联网+”会向更广阔领域拓展。其二，新兴行业仍将蓬勃发展。战略性新兴产业企业收入和利润将保持较快增长。其三，国内发明专利授权量还将快速增长，研发经费占比进一步提高，企业的创新主体地位日益增强。

三是转型升级继续加快。2015年以来，经济转型升级的成果体现在高端制造产业保持较快增长与传统产业转型升级不断积累巩固。2015年5月，国务院发布《中国制造2025》。该计划提出的战略目标是力争用十年时间，迈入制造强国行列。因此，预计2016年以及以后，我国经济势必会加快转型升级的步伐。从产业经济看，转型升级将呈现以下特征。其一，互联网提速渗透制造业。其二，工业4.0将成为传统企业打造智能工厂的标杆。其三，制造业服务化将成为企业转型升级的主流趋势。其四，小型化、专业化将成为企业成长的新特征。

四是兼并收购依然火热。“十二五”以来，我国企业纷纷通过兼并重组来优化资产配置、扩大企业规模、实现战略转型和结构调整。经济结构调整过程正在改变产业布局。伴随着国家混合所有制改革，多层次资本市场体系的完善，以及“一带一路”战略的实施都为并购市场提供了要素和驱动力，我国正在进入并购重组的火热时代。2016年，国有企业改革的全面推行将进一步点燃国内企业之间的并购之行，有望推动形成新一波企业并购浪潮。

银行业加快转型发展，助力供给侧结构性改革

恒丰银行研究院常务院长　胡海峰

胡海峰，男，湖北宜昌人，恒丰银行首席品牌官、研究院常务院长，恒丰银行风险管理委员会委员，曾从事媒体、企业管理、品牌管理工作。长期关注宏观经济、金融业战略规划、商业银行经营管理等领域，并具有一定研究。

纵观国内外经济形势，2016年中国经济仍面临较大的下行压力。世界经济形势复杂，复苏缓慢。发达经济体增速减缓，美国货币政策正常化、欧元区持续的不稳定、地缘政治冲突带来较大负面效应；新兴市场与发展中经济体增速下滑不断加大，全球经济增长明显低于预期。国内方面，受结构性、周期性因素的叠加影响，投资、消费、出口动力不足，实体经济利润下降，投资意愿不强，经济运行面临较大通缩压力。从供给侧来看，通缩的压力主要来自产能和房地产库存过剩，这严重抑制了制造业和房地产业的投资需求，影响了稳增长政策效果的发挥，制约了潜在增长率的提高，供给侧结构性改革迫在眉睫。

中央经济工作会议适时强调了推进供给侧结构性改革。供给侧结构性改革的核心在于将旧产能出清，释放出新的产能，通过提高供给质量和效率、培育新的增长动力、满足需求侧的发展要求，促进经济结构转型升级和可持

续发展。然而，推进供给侧结构性改革，需要社会各领域的密切配合，尤其离不开金融的支持。深化金融改革是实现供给侧结构性改革的重要依托，银行业作为金融业的中坚力量，应顺应供给侧结构性改革的需要，加快改革创新，推进转型发展，通过创新产品和服务模式提供新供给，为供给侧结构性改革的顺利进行做出积极贡献。

第一，调整行业选择，服务产业结构升级的需要。首先，银行业应在妥善退出“僵尸企业”的基础上，通过统筹资源，制定各类信贷扶持政策，积极探索银行业务模式和专业化经营的创新，加大对“中国制造2025”相关产业、战略新兴产业的发展支持，助力我国产业加快迈向“中高端”。其次，积极布局区域发展平台、推进国际化发展进程。借助重大项目融资、出口信贷和互联网金融等手段，创新适应区域一体化发展需求的特色产品和业务，为国家 “一带一路”、京津冀协同发展、长江经济带等区域发展战略的落地实施提供支持。

第二，发展绿色金融，助力新动力的培育。银行业应在加快退出“两高一剩”行业的同时，积极践行绿色发展的理念。通过开展绿色信贷、发行绿色债券将资金配置向环保产业倾斜，优先支持新能源、节能环保、低碳行业等领域的发展，根据行业特点开发特许经营权质押、未来收益权质押、收费权质押等新型担保方式，促进绿色产业的发展，助力可持续发展新动力的培育。

第三，创新产品和服务，以内部“双创”对接外部“双创”。“大众创业、万众创新”政策是我国实现经济结构调整、打造发展新引擎、走创新发展道路的重要举措。支持“双创”亦是践行“普惠金融”、“提高金融服务实体经济效率”的重要体现。银行业应加强内部的创业创新，通过研发新产品模式，改进服务方式，提高风控能力和定价能力，更好地服务社会的创业创新，比如通过投贷联动、银税保互动等新服务模式有效解决中小微企业“融资难、融资贵”的问题。

第四，加快发展互联网金融，完善银行新业态。银行业应积极利用大数据、云计算等技术实现服务渠道终端化、跨界融合常态化、产品服务精细化，进一步提高服务能力和水平，为供给侧新动力提供方便快捷的金融服务。

在供给侧结构性改革的艰难进程中，银行业应义不容辞地适应形势需求、加快转型发展，发挥好金融主力军的作用。同时也可利用供给侧结构性改革带来的机遇，拓宽发展路径，丰富银行功能，不仅仅做融资的中介机构，更要做知识和科技的传播者、渠道和平台的建设者、金融综合解决方案的提供者，为供给侧结构性改革顺利推进提供全方位金融支持的同时，实现自身转型发展。

2016年中国经济谨慎乐观

中国政法大学法和经济学教授　胡继晔

胡继晔，男，现任中国政法大学法和经济学研究中心教授，硕士生导师，兼任深圳证券交易所综合研究所博士后导师，主要研究方向：法律与金融，养老金融，法学博弈论。获得清华大学工学学士、法学硕士及社科院经济学博士学位，国家公派英国牛津大学访问学者，欧盟–中国社会保障项目中方高级专家。主持国家社科基金课题《社保基金监管立法研究》，承担全国人大财经委、国家能源局“十三五”立法规划课题、人力资源和社会保障部《社会保险基金监督管理条例》立法调研课题等多项国家级课题研究。近年来完成学术专著两部，在国内外权威、核心期刊发表论文近20篇，兼任中国社会保障学会理事、中国养老金融50人论坛核心成员。

对于2016年中国宏观经济形势，我的基本判断是谨慎乐观。主要原因有三：其一，国际经济危机对我国影响最严重的时期已经过去，我国市场化程度在新兴市场国家处于领先地位。其二，我国经济生活的大多数参与者都对未来充满信心，这在世界各大国中少有。其三，此前制约我国经济发展的能源、交通基础设施问题得到根本性好转，一旦宏观经济形势向好，宏观经济有望触底反弹。

对于供给侧结构性改革，我的观点是：政府要加大土地制度改革的力度，主动减少农村集体用地向城市建设用地转化过程中的得利，让利于民；在劳动力供给改革中，政府要鼓励灵活用工，主动降低社保缴费率，养老保险费率可以降低3%～5%，此前降低的工伤、失业费率还远远不够；在科技创新领域，要更重视科技成果转化，鼓励企业向华为学习，加大企业自身研发投入。

对于2015年推出的二胎政策，2016年应当加快落实，此外还应当推出鼓励二胎的政策，比如增加母亲产假天数、设立父亲产假制度、研究发放二孩津贴，一方面可以促进二孩相关产品的消费，同时也可以延缓未来劳动力减少造成的消极影响。

我国过去在经济下行周期内实施的投资拉动都起到了一定作用，2016年仍然要加大投资力度。年初对房地产的拉动已经初见成效，房地产作为投资链条长、投资乘数高的产业，对经济拉动的效果最为明显，也容易改变老百姓对未来的预期，目前的去库存应该与房地产业本身的升级结合起来，政府主动削减土地出让金，以鼓励投资主体。

消费是我国最具发展潜力的领域，目前我国上亿人次的出境游、上万亿元的海外购物消费充分表明：国内消费品和服务业发展潜力巨大，如何把消费潜力转变为实际消费，需要政府有关部门、生产厂家、服务提供者更深入研究各领域消费者的真实需求，提供适销对路的商品和服务。中国经济的发展需要消费升级，消费升级将为消费者提供更多、更优质的消费品和服务，从而促进中国经济更健康发展。

外贸一直是中国经济增长的重要引擎，目前在国际经济大环境不佳的情况下，出口企业必须痛定思痛，真正提高出口产品的内在价值，让“中国制造”不再仅仅是“价廉物美”的代称，更是优质优价的过硬产品。同时加大进口优质产品的力度，不以贸易顺差为目标，而是追求贸易平衡，减少与国际贸易伙伴之间的贸易摩擦。

“一带一路”、亚投行在2016年都将迈出实质性步伐，希望每个项目、每笔投资都要进行认真的可行性分析、成本收益分析，坚决杜绝拍脑袋决策，让中国融入世界，也让世界走进中国，共同促进世界和平和人类的进步事业。

充分释放体制创新活力 助力L型经济复苏

国家行政学院研究员　胡　敏

胡敏，安徽省芜湖市人。国家行政学院研究员，中国人民大学经济学博士毕业。兼任中国（海南）改革发展研究院特约研究员，国家行政学院中国特色社会主义理论研究中心研究员、中国国际事务和外交研究中心研究员，中国矿业大学公共管理学院兼职教授。国家级核心期刊《改革》杂志、《重庆社会科学》学术委员会委员，现任国家行政学院出版社副社长（副局级）。

曾长期任《经济日报》理论评论部副主任、《经济日报》评论员，高级记者。2009年初调到国家行政学院，先后在学院国家行政学院研究室、新闻中心工作。近年来主要从事宏观经济政策、产业经济、政府改革、国有企业改革等问题研究。在国家级报刊公开发表百万字的经济政策评论和理论文章，担任多家财经媒体时事观察员。

进入2016年，各项经济指标继续透露“十三五”规划开局之年中国经济运行的疲弱状态，特别是国际政治经济局势扑朔迷离，给我国经济又增加诸多不确定因素。所以，要准确预言2016年的中国经济走势并不容易。

在春节过后国务院举行的第一次常务会议上，李克强总理就指出，因为“当前中国经济与全球经济深度融合”，不仅股市、汇市、大宗商品价格波动同步性越来越强，各主要经济体实施的经济政策关联度也越来越高。按照中央高层对今后几年中国经济步入“L型”走势的判断，并设定6.5%经济增长的下限，2016年中国经济仍将处于缓步下行态势，经济增长的合理区间定位在6.5%~6.9%区间，但稳住这个区间，仍要付出艰苦的努力。

2015年中央经济工作会议确定2016年五大经济任务是“三去一降一补”，强调要在适度扩大总需求的同时，着力加强供给侧结构性改革，着力提高供给体系质量和效率，增强经济持续增长动力，推动我国社会生产力水平实现整体跃升。笔者认为，供给侧结构性改革的关键就是要切实给企业减负、给结构调整腾出空间、让社会创新活力充分释放、让体制内人力资本充分增值。

给企业减负。目前更多地寄望于适度放松财政政策。有报道说，我国财政赤字率可以放宽到3%，减税或超7000亿元，提高财政赤字率是政府稳增长的一项举措，如果财政赤字率提高至3%，将是很大的一个增幅。赤字率的提高，意味着财政风险相应增加，目前中国地方政府负有偿还责任的债务风险可控，不过仍需警惕或有债务风险。按照目前要解决的“去产能、去库存、去杠杆”的目标，其经济主体多是大型央企和地方政府扶持性企业，一方面要加大这些企业兼并重组力度，平稳解决劳动力转移和安置问题，化解民生问题；另一方面也要将有限的财政资金垫付企业降成本的支出，要防止挤出效应，真正给有发展前途的新兴产业输血，特别是让更多的民营企业、中小企业能够从高税负中摆脱出来。因此，财政政策必须精准，而不是“撒胡椒面”。

给结构调整腾出空间。着眼点是尽快培育出新的经济增长动力，能够在“十三五”规划实施的前几年较快实现经济动力转换。一方面要加快支撑中国经济增长的传统制造业转型升级，提升中国制造业的信息化、智能化、服务化水平，加快生产型服务业的发展；一方面更大力度地推进“互联网+”行动计划，着力于推进实体经济的发展，避免炒概念，实实在在地引导和发挥创新政策在产业结构调整中的有效作用。

让社会创新活力充分释放，让体制内人力资本充分增值。提高全要素生产率、推动我国社会生产力水平实现整体跃升，根本地激发制度更新、思想活力和人力资本活力。“十三五”期间，既要加大技能型人才的培养，更要突破体制机制障碍。尽管这几年国家已营造出比较浓厚的“双创”氛围，但似乎仅仅停留在“体制外”。必须看到目前的央企、机关事业单位改革还相当滞后，“体制内”明显缺乏创新活力，体制内人才流动陷入板结化，“体制内”与“体制外”形成鲜明的两大阵营，更多的有效人力资本挤压在“体制内”碌碌无为。深化行政体制改革乃至组织人事制度改革，应当是推进简政放权取得初步成效后下一步亟待发力的改革领域。

实质性推进工业供给侧结构性改革

中国社会科学院工业经济研究所所长　黄群慧

黄群慧，中国社会科学院工业经济研究所所长，研究员，教授，博士生导师，国家“百千万人才工程”入选人员，被人事部授予“有突出贡献中青年专家”，享受国务院颁发政府特殊津贴，兼任中国企业管理研究会副会长、常务副理事长，中国社会科学院中小企业研究中心理事长，多所大学兼职教授。曾任中国社会科学院经济学部主任助理、经济学部工作室主任，中国社会科学院科研局副局级学术秘书，中国社会科学院科研局副局长。研究领域为产业经济和企业管理。

先后主持国家社科基金重大招标项目（12&ZD085）、国家社科基金项目、国家科技支撑计划项目、中国社会科学院重大课题多项。

迄今为止，已在《中国社会科学》《经济研究》《中国工业经济》等学术刊物和《人民日报》《光明日报》等报纸公开发表论文两百余篇，独立撰写、参与撰写著作三十余部，代表作《中国工业大国国情与工业强国战略》《中国工业化进程报告》《中国工业化与工业现代化问题研究》《中国工业化进程与安全生产》《中国企业社会责任研究报告》《企业家激励约束与国有企业改革》《中国管理学发展研究报告》《管理科学化与管理学方法论》《国有企业管理现状分析》《管理信息化》等。

研究成果曾获第十二届孙冶方经济科学奖、第二届蒋一苇企业改革与发展学术基金优秀专著奖、第三届蒋一苇企业改革与发展学术基金优秀论文奖，国家“三个一百”原创图书奖，十四届国家图书奖和中国社会科学院优秀科研成果二等奖和三等奖等。

对于中国工业发展而言，2016年关键是在供给侧结构性改革上有所突破，真正能够在“十三五”开局之年有实质性深层次的改革推进，逐步形成实施工业强国战略的有效机制，从而加快推进工业增长动力转换，尽早实现工业经济增长的筑底成功。工业供给侧结构性改革的主要目标是改善要素资源配置机制，再造一个工业发展的新生态系统。这个新工业生态系统运行的核心是提高工业创新能力与全要素生产率，从而促进工业增长方式从劳动力和物质要素总量投入驱动主导转向知识和技能等创新要素驱动主导，推动我国从工业大国向工业强国转变。工业供给侧改革的具体任务可体现在企业、产业和区域三个层面。

在企业层面，要加快处置“僵尸企业”，对持续亏损三年以上且不符合产业结构调整方向采用资产重组、关闭破除等措施予以“出清”；政府向企业简政放权，降低包括税费在内的企业制度性交易成本；深化国有企业改革，2016年要能够在垄断行业国有企业混合所有制改革、建立以“管资本”为主的国有资产管理体制、国有经济战略性布局调整和完善现代企业治理结构等方面迈出实质性的步伐；完善企业创新激励机制，重视发挥和调动企业家的核心作用。

在产业层面，积极推进《中国制造2025》与“互联网+”战略，但要坚决避免以加快推进《中国制造2025》为借口，进一步强化实施选择性产业政策，从而影响良好技术创新生态的建设，最终背离了《中国制造2025》的初衷；打破生产性服务业垄断和市场管制、改革投资审批、加强信用制度建设等深化体制机制改革措施，消除体制机制障碍，提高生产性服务业服务制造业的能力和效率；注意产业政策与竞争政策的协调，推进产业政策从政府选择、特惠措施为主的选择性产业政策取向，转向普惠性、促进公平竞争和科技进步的功能性产业政策取向，从而促进竞争政策基础地位的逐步实现。当以“稳增长”为目的的选择性产业政策与以“调结构”为目标的竞争政策发生抵触时，一定要在决策价值观上倾斜竞争政策。

在区域层面，要强调通过培育和发挥市场机制的引导，来推进“一带一路”战略、京津冀协同发展战略、长江经济带战略和东北老工业基地振兴新战略，政府作用在于构建有效的产业环境来促进工业劳动力、资金等供给要素的跨区域流动，形成区域开放与协调发展新格局。

2016年中国经济呈现向好发展态势

国家发改委国土开发与地区经济研究所区域发展研究室副主任　贾若祥

贾若祥，博士，国家发展和改革委员会国土开发与地区经济研究所区域发展研究室副主任，副研究员。主要研究领域为区域发展与区域规划。中国区域经济学会会员，主持或参与多项地方政府经济社会发展总体规划、区域发展规划编制工作。曾参与《国家汶川地震灾后恢复重建总体规划》《关于促进中部地区崛起的若干意见》《关于中部六省比照实施振兴东北地区等老工业基地和西部大开发有关政策范围的通知》等相关规划（文件）起草或前期研究工作，承担了《区域间横向转移支付研究》《实施主体功能区战略研究》《森林生态功能区补偿机制研究》等基础课题研究，其中承担的基础课题《森林生态功能区补偿机制研究》荣获国家发改委宏观院基本课题二等奖。

2016年是我国“十三五”规划的开局之年，也是推进结构性改革的攻坚之年，“创新、协调、绿色、开放、共享”的发展理念将得到全面贯彻执行，从总体来看，2016年我国经济发展将会呈现动力趋新、结构趋优、增速趋稳、开放趋全、民生趋好的发展态势。

一是经济增长新动力不断形成。随着科技创新、体制创新、文化创新等综合创新体系的不断完善，创新驱动在推动经济增长方面的作用不断增强，尤其是在珠三角、长三角、京津冀等创新资源密集地区，创新驱动发展的新模式正在逐步形成。二是经济结构进一步优化。服务业在经济结构中的比重稳步提高，战略性新兴产业对经济发展的支撑能力进一步提升，内需在拉动经济增长中将发挥更大作用，中国经济将向中高端迈出新步伐。三是经济增长速度在不断调整中趋稳。尽管我国面临经济下行的巨大压力，但压力也是促进经济发展方式转变的动力，随着相应体制机制的不断完善，我国将在经济趋稳的大背景下加快推进经济发展方式转变的步伐，更加注重发展质量的绿色发展模式将逐步形成。四是全方位的开放体系不断完善。“一带一路”战略将成为新时期引领我国全方位对外开放的重大战略，我国与“一带一路”沿线国家进一步加强合作与对话，建立更加平等均衡的新型全球发展伙伴关系，为世界经济长期稳定发展贡献更大力量。五是民生不断改善。随着基本公共服务均等化、精准扶贫、精准脱贫、户籍改革、双创四众、生态文明等富民惠民政策的不断实施，居民的生产和生活环境将会进一步改善，为居民增收夯实基础，形成人民富裕、国家富强、中国美丽的良性格局。

加大结构性改革是转变我国经济发展方式、提升发展质量的关键，要抓紧推进供给侧结构改革、所有制结构改革、社会保障结构改革和区域空间结构改革步伐。一是围绕“去产能、去库存、去杠杆、降成本、补短板”，深入推进供给侧结构改革，不断优化供给侧结构，提高供给结构的适应性和灵活性，提高全要素生产率，使供给体系更好适应需求结构变化，不断提升发展质量。二是以推进国有企业改革为契机，加快推进所有制结构改革，积极探索国有资本运营新模式，促进混合所有制经济发展。三是以推进机关事业单位人员社会保障改革为契机，不断完善我国社会保障制度，织好经济发展的保障网。四是围绕“一带一路”战略、长江经济带战略、京津冀协同发展战略等国家战略，不断优化区域空间结构，促进区域协调发展。

着力防范因经济下行引发的风险

江西省社科院党组书记、研究员　姜　玮

姜玮，江西省社科院党组书记，研究员，中国特色社会主义理论体系研究中心主任，长期致力于城市（区域）经济、马克思主义政党建设、反腐倡廉理论与实践研究，主持并参与了国家软科学课题、国家社科基金项目、省经济社会发展重大招标课题及院重大课题等近100项；独撰或参与的调研报告获省委省政府领导批示50余次，四次获得江西省社会科学优秀成果二等奖；近年来在《人民日报》《光明日报》《学习时报》《科学社会主义》《红旗文稿》《党建研究》等国家级重要报刊、CSSCI来源刊、中国中文核心期刊、中国经济类核心期刊上发表学术论文60余篇，10余篇论文被人大复印资料全文转载。

2016年是我国全面建成小康社会决胜阶段的开局之年，也是经济新常态持续筑底的一年，在世界经济周期、中国房地产周期、中国式债务周期、库存周期、新业态培育周期、政治经济周期以及宏观经济政策再定位等因素的综合作用下，经济将持续探底，在新旧增长动能衔接期的当口，需着力防范因经济下行可能引发的两类风险：一是微观主体行为整体性变异带来的宏观经济内生性加速下滑的风险；二是各种“衰退式泡沫”带来的各种冲击和系统性风险。在经济下行过程中，我国经济也出现了大量的新产业、新业态和新动力，随着全面深化改革、“大众创业、万众创新”等系列战略和举措的深入推进，将为下一轮经济中高速增长奠定良好基础。

当前，我国经济表面上看是速度问题，但骨子里却是结构问题。虽作为世界第二大经济体，然而我国的供给体系，总体上是中低端产品过剩，高端产品供给不足；结构性的有效供给不足，供给不能满足需求的升级。针对当前我国经济结构性失衡和增长动力不足的困境，需努力以消费需求升级助推产业转型升级，通过供给侧结构性改革着力破解经济发展中存在的“供需矛盾”问题，以“创新、开放、协调、绿色、共享”五大发展理念为指导，改革现有的抑制供给的体制或政策，解除供给约束，不断提高供给质量和效益，以消费潜力的释放撬动有效投资的扩张，在适度扩大总需求的同时，去产能、去库存、去杠杆、降成本、补短板，提高供给体系质量和效率，提高投资有效性，进而增强经济增长的动能。

2016年中国经济将进入新常态之后的稳定期

中国社会科学院财经战略研究院副研究员　蒋　震

蒋震，财政学博士，中国社科院财经院税收研究室副研究员。主要研究领域集中于财政理论与政策、税收理论与政策两大领域。参与国家社科基金重大项目、国家自科基金、国家税务总局等委托课题研究6项，在《管理世界》《中国工业经济》《财贸经济》《税务研究》等期刊发表十几篇论文。曾获2009年中国国际税收研究会理论成果一等奖。

从2016年的经济形势看，总体处于较为平稳的态势，属于进入新常态之后的稳定期。2016年保经济增长的压力较大，政府必定会出台一系列"组合拳"，通过推进改革来促进增长。其中一个非常显著的变化就是供给侧管理。

如何理解供给侧管理呢？实际上，供给侧管理与经济发展方式转变密切相关，但其内涵又更进一步。供给侧管理是与当前我国生产要素禀赋变化的趋势相适应的。即传统制造业领域产能过剩，而人口红利不断消失，这种情况下，企业再继续使用物质投入来拉动效益的空间越来越狭窄，同时劳动力成本上升较为明显，因此，企业会用更多的技术和创新来替代物质投入和劳动力。然而，在新常态之前的经济增长中，政府对市场的某些领域有着或多或少的管制，影响了企业生产要素替代行为的实现。所以说，供给侧管理更多的是一种明晰政府和市场关系的手段，促进政府职能和职责的优化。政府的积极性应不断转向更好地提供均等化公共服务，让市场在资源配置中发挥决定性作用。可喜的是，在十八届三中全会之后，政府一直在不断努力，简政放权，推进行政审批制度改革，这些措施确实有效发挥了激发市场活力的效果和功能。从2016年的经济政策走向来看，这个领域的改革将会继续，市场活力会进一步激发。这既是培育新的经济增长动力的必然要求，也是我国经济发展阶段不断跃迁的客观结果。进一步说，供给侧管理要与需求侧管理相结合，经济增长的源泉在于生产方式满足广大人民群众不断增长的需求，供给是满足需求的生产方式。在生产要素禀赋特征不断转变的当前，通过产业结构升级和消费升级将供给侧和需求侧相结合，特别是在服务业发展方面将有着新的突破。

我们应该对宏观经济形势有充分的信心，我国是一个区域发展不平衡的国家，经济发展进入新常态并不意味着全国各地区同时进入新常态。我们要看到广大的中西部地区仍然有着非常广阔的基础设施投资空间，与东部地区之间的公共服务均等化也需要政府全面布局，所以说，从经济发展的区域特征来看，中西部地区仍然可以通过拉动投资来实现较高的增长率。

最后，在推进改革时，要从财税体制改革这一领域入手，全面深化改革。十八届三中全会提出：“财政是国家治理的基础和重要支柱。”财税体制改革是推进各项改革的“牛鼻子”，我们要统筹兼顾，想方设法推进改革，为经济发展创造更好的制度环境。说到底，财税体制改革不仅是经济改革，更是涉及政治、社会、文化领域的全面改革。循着明晰政府和市场关系这一大局，以财税体制改革作为全面深化改革的突破口，既是适应于供给侧管理、激发市场活力的有效手段，又是奠定国家治理现代化的基础和保障。

2016年中国经济下行压力仍较大

吉林大学经济学院教授　李俊江

李俊江教授，博士生导师，现任吉林大学经济学院院长，兼任国务院学科评议组成员、教育部经济学类教学指导委员会委员、中国世界经济学会副秘书长、中国美国经济学会副秘书长、中共吉林省委专家咨询委员会成员、吉林省政府专家咨询委员会成员。先后获得吉林省有突出贡献中青年专家、国务院特殊津贴获得者、宝钢优秀教师、吉林省拔尖创新人才等称号。

2015年中国经济以GDP增长6.9%的不俗业绩收官。2016年中国经济面临的形势如何？我个人认为其下行压力会进一步增大。其理由是：第一，国际经济政治形势不确定因素仍有增无减，发达经济体经济增长乏力。在发达经济体中，虽然美国经济出现了恢复性增长，但其带动整个世界经济增长的传递效应已明显减弱。欧盟成员国还没有完全驱散债务阴霾，又陷入中东地区潮涌般的难民危机，经济低迷状态难有好转。日本经济持续多年萎靡不振，安倍政府释放的“三支箭”新政以及近期采取的宽松货币政策，并未使经济颓势出现明显好转。发展中国家经济形势也不容乐观，受国际市场需求低迷，特别是石油和大宗商品价格大幅下调的影响，其国内生产及出口都明显萎缩。金砖国家除中国和印度经济基本面总体向好之外，俄罗斯、巴西和南非经济形势都不同程度出现了恶化。

第二，从国内经济形势看，以下几个因素将会使经济下行压力进一步增大。一是支撑经济增长的新动力不足。过去在经济扩张过程中起主导或核心作用的投资和出口已如强弩之末，消费带动国内经济的作用还未充分释放出来，而新的推动经济增长的动力系统还未形成。二是去产能、去库存、去杠杆的过程，必然会使生产要素进行重新组合，会增加经济运行的波动以及经济下行的压力。或者说，“三去”的成本或代价就是经济暂时要下行。三是供给侧改革要见成效尚需时日。四是不利于实体经济健康成长的经营环境并未得到明显改善，中央政府许多好的改革措施并未落地，一些改革政策和措施出现空转。

综上因素分析，2016年中国经济形势面临较大的压力和下行风险，但只要我们坚持改革和创新不动摇，让市场在资源配置上发挥更大的作用，深化国有企业改革，为民营经济发展提供更宽松的发展空间，中国经济一定能逆势而上，为世界经济的发展作出自己的贡献。

实现供给侧结构性改革目标
仍需关键性配套改革

中央党校经济学部教授　李　鹏

李鹏，厦门大学经济学博士毕业。现为中共中央党校经济学部教授，博士生导师，政治经济学教研室主任。主要研究方向是经济发展和经济体制改革。

在《求是》《人民日报》《改革》等国家权威期刊报纸发表200多篇学术论文，出版学术专著三部。担任中央党校省部班、中青班等各个班次主讲教员。独立主持国家社会科学基金、世界银行等课题项目，参与中央马克思主义理论工程、“十二五”规划、党的十八大报告、“十三五”规划等多个中央国家级课题咨询研究。

中国经济2016年可能会呈现GDP增速下降、结构优化、区域分化、通胀微升、就业稳定、汇率微降和进出口低位负增长的运行特征。在不出现重大全球性灾难和突发性事件冲击前提下，增长速度会下行至6.5%左右。近几年我国国民经济增长速度虽然下降，但2013～2015年我国经济增量分别达到41127亿元、42925亿元和43893亿元，增量稳步扩展一方面说明只要把控好宏观调控的方向和力度，中国经济大有潜力，可以实现中高速增长；另一方面也说明在经济转型的困难时期，不要对速度下行过于恐慌，应当在保增长的基础上，围绕供给侧改革的重点，继续加大经济结构调整精准度和力度。

未来几年我国经济供给侧结构性改革的重点已经明确，达到政策目标效果仍需关键性的配套改革。考虑到产能过剩、高库存、高杠杆和高成本等问题是传统发展方式多年积弊的集中爆发，解决需要相当长的时间和必要足够的空间，要从经济短中长增长周期的规律和特点出发，既不能过慢拖垮经济，也不可过急和过激搞垮经济，要遵循经济自身调节规律，理顺政策调整的改革机制，充分调动市场和政府的积极力量，汇集成合力，避免相互冲销抵触。

2016年供给侧改革将逐渐展开并牵引出更深层次的改革难题和结构性弊端。比较而言，以下两个领域改革更为紧迫。第一，以多层次资本市场建设为主的金融体制改革要加快进程。供给侧改革是一个破旧立新的过程，传统金融支持传统产业的发展壮大。2015年以来我国“双创”战略推动的新技术、新产业、新业态和新企业的成长，愈发显现传统金融市场结构、组织方式、技术手段和监管体系越来越难以满足经济转型升级的内在要求。我国实体经济融资难、融资贵的症结并非是数量规模问题，实质是现有金融结构性和功能性供给能力严重滞后于经济结构性调整的需求进度和功能。所以说，在确保不发生系统性风险的前提下，必须适应经济转型要求，加快新型金融产品、技术、组织和交易制度的供给创新。第二，新一轮国有企业改革进度要加快。2015年中央制定《关于国有企业功能界定与分类的指导意见》后，相应配套改革与相关执行政策一直尚未出台。本轮供给侧结构性改革的重点行业有大量中央和地方国有企业，已经成为去产能、去杠杆和去库存的主要对象，市场化的产业政策、财税政策、法律政策在这类国有企业身上往往存在较大的失灵风险，因此，必须抓紧制定这类相关国有企业配套改革举措，把经济结构调整、完善现代企业制度、国有资产管理体制改革通盘统筹考虑设计，铺垫好供给侧结构性改革的国有经济制度基础。

调结构稳增长须加减乘除并用

厦门大学宏观经济研究中心主任　李文溥

李文溥，男，经济学博士，厦门大学特聘教授、博导，教育部人文社科重点研究基地——厦门大学宏观经济研究中心主任，国务院特殊津贴专家，兼任福建省人民政府顾问等。

长期从事宏观经济学、政治经济学的教学研究工作，主要研究领域是中国宏观经济理论与政策，中国社会经济发展。先后主持完成国家社科重大项目等数十项课题研究，在《经济研究》等学术期刊上发表论文300多篇，出版20多本著作（含合著），以及大量的内部研究报告、经济学随笔与经济评论等。曾获孙冶方经济学奖、国家社科基金项目优秀成果奖、国家图书奖（提名奖）、福建省社科优秀成果奖一等奖等多项。

未来两年中国经济增速在投资减速的压力下还将继续下行，估计2016年经济增速将在6.5%～6.7%之间。

短期看，需求疲软是当前我国经济减速的主要原因。首先，固定资产投资增速出现普遍减速；其次，城乡居民实际收入增速持续减缓，抑制了居民消费扩张；最后，出口需求持续疲软，以及因中国国内工资水平持续上升导致加工贸易不断萎缩，抑制了出口增长。

从长期看，经济减速是既有供给结构遭遇人均收入水平提高、需求结构转换而导致的结构性供需失衡与生产效率下降的结果。此外，收入分配结构失衡、生产要素市场和金融市场改革滞后且不完善，经济增长方式尚未随着经济发展阶段的转换而转变，也成为中国经济转入新常态后制约经济持续稳定较快增长的重要因素。

我认为，提高增长率需从供需两方面入手，总量与结构问题都不可偏废，改善供给结构、效率与扩大需求两手都要抓。当前，单纯、过份地重视降低无效供给，而不重视有效供给扩大，不利于稳增长，有可能导致紧缩叠加，导致经济的螺旋形下滑。必须根据人均收入水平上升而产生的需求结构转换趋势，在去无效产能的同时，扩大投资，增加新产能，扩大有效供给。用扩大有效供给的投资扩大社会总需求，形成社会总供需之间的螺旋形上升正循环。在供给侧，通过供给结构改革，不仅要降低无效供给，而且更要根据需求对象及结构的变动扩大有效供给，提高供给效率、品质，以及供给结构对需求结构的灵活适应性。在需求侧，通过调整收入分配，提高居民收入，扩大居民消费需求；同时，发挥利率市场化有效配置信贷资源的作用，使扩大的信贷资源充分满足民间投资的需要，通过有效投资促进产业结构调整。

第一，应高度重视当前经济持续减速。它使结构调整进程放缓，使人民币贬值预期进入了自我强化循环。经济持续减速叠加结构性通缩的不断加剧，提高了经济陷入债务危机的风险。经济继续减速将严重不利于供给结构改革的推进。

第二，供给结构调整应以新发展阶段背景下的需求结构转换为愿景指导，在做减法的同时更加重视做加法，做除法的同时做乘法，在用加法调整供给结构的同时扩大需求稳增长。

第三，以调整供给结构为导向，扩大投资稳增长，用新增产能调结构。今后十年，随着中国向高收入经济体过渡，消费结构将出现新一轮升级。由住房交通和食品衣着等实物为主逐渐转为服务与实物消费并重，对文教娱乐和医疗保健的支出比重将大幅提升，未来十到二十年之内，成为主要消费需求动力。必须尽快改变当前现代服务产品有效供给能力严重不足的状况。

第四，实行腾笼换鸟术，通过投资置换，获得投资资金。应通过加快混合所有制改造，使政府获得基础设施投资资金，扩大民企投资领域，提高其投资增速。由于国有经济目前主要集中在现代服务业，因此，对国企实行混合所有制改造，将部分国有事业部门实行企业化改制，将打破垄断，解除管制，引进市场竞争，提高现代服务业供给效率。

第五，维护本币币值稳定，为供给结构调整创造良好外部环境。

中国仍将扮演世界经济发展火车头

中国城市科学研究会秘书长、中国城市规划设计研究院副院长　李　迅

李迅，1982年毕业于上海同济大学建筑系城市规划专业。现任中国城市规划设计研究院副院长兼党委副书记，兼任中国城市科学研究会秘书长。获得建设部授予的“有突出贡献的中青年科学技术管理专家”（1995年），人事部批准入选的首批“新世纪百千万人才工程国家级人选”（2004年），国务院颁发“政府特殊津贴专家”称号（2004年），中国科协“全国优秀科技工作者”奖章（2010年）。为《城市发展研究》杂志主编。其从事城市规划设计、城市科学研究工作已34年时间。主要研究领域包括：城市区域发展、城市可持续发展、低碳生态城市、绿色建筑、城市地下空间开发等。发表过50部（篇）论文和专著，参与过城市规划设计项目和专题研究50多项，具有较为深厚理论水平和丰富实践经验。

2016年中国经济将继续展现“新常态”特征。当然，中国经济仍然面临着众多不确定性，总体经济形势继续面临下行压力。在面临着前所未有的挑战背景下，继续展现着巨大的机遇。相信对于2016年中国经济形势的总体判断将更多的是积极乐观。相信中国经济将继续以6.5%以上的增长率发展，继续扮演世界经济发展的火车头角色。

中国经济产业结构将继续优化升级。在城镇化和信息化的推动下，发展需求将继续刺激整体经济。在保持经济中高速增长的前提下，经济结构将

会继续改善。产业结构演变将成为促进经济增长的主要方式之一。从整体判断，中国经济已经迈入了工业化的中后期阶段。城镇化的演变促使产业发展特征从工业比重上升转化为非农产业比重上升。第三产业将成为经济发展中的主导产业。第三产业的聚集效应将会同时推动第二产业和第一产业的技术升级和知识产业化。可以预期，中国的第三产业比重将会继续提升，第三产业将会成为中国经济发展的主要动力。中国经济的产业结构将进一步得到升级优化。

中国的城镇化进程将继续推进提质。城镇化发展是经济高度发展的产物，也是衡量国家经济发展能力的标准之一。随着产业结构的优化升级，国家城镇化进程继续以较快速度推进。去库存出路在于加快农民工市民化。在更加注重供给侧结构性改革的推动下，随着户籍制度改革、农民工社会保障托底政策实施、国家双创就业工程的展开，中国的城镇化水平将在2016年继续提高一个百分点，有望达到57%，城镇就业人口有望超过1000万人。户籍人口城镇化率将进一步提升。更加注重以人为核心的新型城镇化将为稳定经济增长培育出新的增长动力。

东部地区将率先进入后工业化时代。在国家经济整体进入工业化中后期阶段的同时，中国东部地区经济发展将会率先进入后工业化阶段。这一地区的城镇化水平相对较高，城市人口比重增长将会趋缓。这一地区产业结构的特征将更加强调技术、知识研发的力量，表现为经济全球一体化、产业结构国际化、知识信息全域化的发展特征。世界城市（北京为代表）、金融城市（上海为代表）、创新城市（深圳为代表）、信息城市（乌镇为代表）的雏形已经展现，并将在2016年继续强化。长三角、珠三角、京津冀城镇群在引领国家经济参与全球竞争过程中将继续发挥排头兵作用。同时中西部地区也将依托“一带一路”、长江经济带的支撑而加快发展，促进区域协调发展，实现人口经济和资源环境空间均衡。

房地产市场将趋稳回升，城市建设走向现代化。房地产市场事关经济发展和社会稳定。政府采取的一系列稳定市场的调控措施取得明显效果。全国新建商品房销售面积和销售额有望继续回升。特别是棚户区改造开工规模将继续维持2015年水平，棚改推行货币化安置将继续消化商品房，对去库存将发挥重要作用。住房制度改革继续深化，限制性措施将进一步取消。充分利用地下空间，建设城市地下综合管廊、建设海绵城市、整治黑臭水体三项工作对于拉动经济发展、改变城市面貌、解决城市病、保障城市安全将会继续发挥积极作用。

稳增长，调结构——老话题，新寓意

中国青年政治学院金融研究所所长、中国人民大学金融与证券研究所高级研究员

李永森

李永森，教授，资本市场理论与实践领域知名学者，中国青年政治学院金融研究所所长，金融学学科带头人，中国人民大学金融与证券研究所高级研究员，中国人民大学财政金融学院高级访问学者。参加了多项国家级重大科研课题的研究工作，包括国家社科基金重点项目《推进我国资本市场的改革、规范和发展研究》、国家自然科学基金项目《期货交易违法犯罪行为及其规制研究——相关的期货立法建议》，作为核心成员自1999年起连续18年参与《资本市场研究报告（2010年起为教育部人文社科研究发展报告项目）》的研究和撰写。在《管理世界》《国际金融研究》《中国金融》等刊物上发表近百篇论文，其中14篇分别被中国人民大学复印报刊资料《金融与保险》《证券与投资》等转载。

2015年我国经济在困难中前行，基本实现了预期目标，经济运行保持在合理区间，实现了6.9%的增速，经济结构继续优化。

展望2016年，经济运行面临周期性、结构性、外生性三性因素叠加影响，经济减速压力依然很大，我们面临的形势更加错综复杂，如果能够基于经济发展长期向好的基本面，采取正确、得力的应对措施，经济仍可稳定在合理区间运行。

在国际、国内因素的综合影响下，我国经济自2010年以来处于经济增速放缓的周期中，经济增速从2010年的10.6%放缓至2015年的6.9%，生产者物价指数PPI已经连续47个月为负值，这既是经济增长持续高速后进入中高速换挡期的正常反应，也是国际金融危机及我们应对政策负面效应的延续，继续印证了我国经济合理的运行区间重心已经从两位数下移至一位数。宏观政策应当致力于经济增长稳定在合理区间。

当前，经济结构处于缓慢调整中，第三产业占比不断提高，但是，传统行业产能普遍过剩，产能过剩行业占据并固化大量社会资源，“市场出清”前景不容乐观，抑制了战略性新兴产业与现代服务业等领域的发展。在转型期，经济增速放缓的同时，我们还面临着产业结构、就业结构、消费结构的渐进式调整，经济运行产生振动和社会经受阵痛是我们必须要面对的。发挥市场机制和政策引导作用，促进经济结构优化是我们的长期任务。

外部方面，全球经济稍露复苏迹象，但是，复苏步伐缓慢，动力不足，路途波折，各国宏观经济政策，也随着不同经济体实际情况继续表现出差异化特征。美国加息以及继续加息预期的变化，欧日刺激政策的效果存在不确定性，新兴经济体面临资本回流美国和本币贬值压力，导致各经济体经济状况的不稳定和政策方向的不一致。延伸到金融领域会表现出跨境资本流动规模加大、方向不定，外汇市场、股票市场、大宗商品市场动荡的新特征，金融风险的加大会对开放度不断加大的中国产生很大影响。总体看中国经济面临的外部环境有向好迹象，同时，也要面对诸多矛盾和风险。

当前，解决产能过剩问题，应当充分发挥市场在资源配置中的决定性作用，实现优胜劣汰，逐步推进“市场出清”。稳增长和调结构是中国经济要解决的两大任务，也是老生常谈的话题。稳增长是当务之急，增长不稳，就业问题、民生问题就难以解决，而结构优化是中国经济面临的长期任务，是一个长期渐变的过程，不能急于求成，要在增长中解决结构问题，调整结构也是为了促进增长。

对待老话题，在政策选择方面，需要根据新情况增加新寓意，需要更好地把需求侧政策和供给侧政策结合起来，更好地把总量政策和结构性政策结合起来，在总量偏松、结构优化上着力。发挥货币政策在总量调控上的优势，综合运用和搭配货币政策手段，保持较充裕的流动性，满足全社会投资消费的需求，实现货币信贷及社会融资规模合理增长，同时关注结构问题。进一步加大积极的财政政策力度，发挥其在结构调控上的优势，落实减税让利措施，更多地发挥税收以及财政支出对结构优化的作用，同时，加大总量的力度，提高对财政赤字的容忍度，增加财政支出，提高国债发行量。

需要特别指出的是，随着金融发展步伐的加快，开放程度的提高，其对经济发展的作用进一步增加，同时，近一年多以来，内外部金融风险也明显增加，良好的金融秩序是实体经济稳定发展的基础，我们必须总结股市危机的经验教训，反思汇率改革，注重加强对风险的跨国、跨市场、跨领域传递的防范，守住不发生区域性系统性风险底线，为实体经济发展创造良好的金融环境。

预计2016年我国经济增速将维持在6.6%～6.8%的水平，全年波动幅度不会很大，将呈现“L”型走势，保持经济持续稳定发展的同时，经济结构加速调整，经济增长的动力由需求侧的“三驾马车”推动，转向需求侧和供给侧要素双轮驱动。

人民币适度贬值利大于弊

国家商务部培训中心副教授　李左东

李左东，商务部国际经济贸易问题专家，北京大学经济学院特聘教授。

毕业于北京师范大学经济系，后在澳大利亚墨尔本大学学习。在商务部培训中心、商务部研究院、北京大学经济学院、北京大学汇丰商学院、清华大学继续教育学院、对外经济贸易大学等十几所高校担任专兼职教师。1999年迄今兼任北京大学经济学院国际经济与贸易专业教授，2005年开始担任北京大学经济学院博士生毕业论文答辩评审委员会专家委员。

2002年于高等教育出版社出版的《国际贸易理论、政策与实务》专著已经发行20万册，2006年出版第二版，2012年出版第三版。2003年作为专家在山东教育卫视《名家论坛》栏目主讲《国际贸易》。2005年主讲国家商务部政府网站《国际贸易》课程。自2001年至今担任国家商务部《全国国际商务师资格考试》出题专家组成员。自2008年开始一直担任中组部组织的中央和国家机关司局级干部选学经济专题的北京大学主讲教授。曾经与国家质检总局、国家纺织工业协会、新闻出版署、国家税务总局、青岛市政府、广州市政府、山东省外经贸厅、福建省石狮市以及七匹狼、德力西、远东集团、中海油、香港怡和集团、日本资生堂、雨润集团、雅戈尔集团、中国工商银行、中国银行等企业合作课题与讲座。

2015年中国GDP增长6.9%，创近25年来的最低增速。作为经济晴雨表的汇率应该主动反映经济周期，在一国经济增速出现下行的过程中，利率和汇率双降才可能把经济增速从底部拉升，央行应该在2016年世界经济企稳的时刻小心地把利率和汇率继续调整，2016年全年人民币贬值的水平大体会与2015年持平，2014年12月31日人民币汇率对美元中间价为6.1190元，2015年12月31日人民币汇率对美元中间价为6.4936元 ，2015年人民币对美元中间价累计贬值3746点，贬值幅度6.12%，如果2016年中国经济增长难度继续加大，2016年人民币贬值幅度应该在6%左右的空间。

任何政策的出台都会有利有弊，人民币适度贬值对中国经济增长有明显促进，对出口的增长贡献更大，人民币贬值会使得出口更具竞争力；人民币适度贬值将对2016年我国引进外资有一定拉动，外资企业对我国经济增长、就业还是重要的；人民币适度贬值还会刺激外国人到中国旅游和留学；2016年世界经济形势复杂，除了美国以外的大部分国家的货币都出现贬值，人民币如果不贬值在世界经济中所处位置更加不利；2016年10月1日人民币将正式成为特别提款权（SDR）的组成部分，中国政府会适时减少对人民币的干预，目前每日人民币对美元的汇率弹性2%的幅度应该会有所放松至3%，更多反映市场力量。但2016年人民币应该不会大幅度贬值，观察人民币是否大幅度贬值，主要的依据要看中国是否出现贸易逆差、国内物价是否大幅度上涨，2016年这两个条件都不会出现，2016年贸易顺差将进一步增长。据海关总署数据，2016年1月，中国贸易顺差4062亿元，扩大12.2%；2016年1月中国CPI同比上涨1.8%，完全在可控范围之内。当然人民币贬值会带来一定负面影响，人民币贬值对进口不利，进口商品价格上涨，但中国现在不是通货膨胀周期，2016年CPI上涨压力不大；人民币贬值给中国企业的美元债务带来一定压力，但现在大部分中国企业的美元债务已经转成人民币债务；人民币贬值可能造成热钱外逃，但如果中国经济因为人民币贬值而重新好起来，这些外逃的热钱就会再次回来；人民币贬值可能造成中国人持汇意愿增强，更多人愿意把手中人民币换成美元，这并不可怕，中国人持有的美元仍然在中国境内，只不过由政府持有的美元转成中国人民持有。

人民币价格2016年一季度会相对稳定，接下来决策者将可能再次引导人民币汇率下行，人民币对美元到2016年底将会贬值到接近1：7水平。

中国经济将在供给侧改革中“降中趋稳”

国务院发展研究中心资源与环境政策研究所副所长、研究员　李佐军

李佐军，国务院发展研究中心资源与环境政策研究所副所长，经济学博士，博士生导师，研究员。研究领域涉及资源与环境政策、人本发展理论、经济改革和经济转型、宏观经济、“三农”问题、产业发展和区域发展等。著有专著《人本发展理论——解释经济社会发展的新思路》《供给侧改革：改什么、怎么改》等7部；主编《中国绿色转型发展报告》等10部；合著《中国民生报告》等6部；在《人民日报》等报纸和杂志上发表了600多篇文章；撰写了90余篇调查研究报告。先后五次获得中国发展研究奖一等奖、二等奖，获得农业部优秀论文二等奖等。提出的经济增长供给侧“三大发动机”（制度变革、结构优化和要素升级）等理论已引起越来越多人的关注。

2016年中国经济将持续下滑一段时间后，逐步结束持续多年的下滑过程，进入“隆冬”，呈“降中趋稳”态势，或呈“L型”走势。这对中国经济来说是好事，因为只有跌无可跌后，才能真正脚踏实地，才可以在供给侧改革中开始迎接春天的到来。

具体来说，2016年中国经济将呈如下趋势：一是GDP增速将跌至6.5%左右；二是“三驾马车”中的出口呈零上下低迷增长，投资和消费将分别呈8%、10%左右的增长；三是除部分农产品价格、个别一二线城市房价、知识

产品价格、民间利率等呈上升或稳定趋势外，多数工业品价格、资源能源价格、多数三四线城市房价、利率和汇率等总体呈继续下降趋势；四是经济结构继续优化，消费对GDP贡献率达到70%左右，三产占GDP比重上升至53%左右，城镇化率上升到57%左右；五是财政收入、企业利润等继续差强人意；六是资源环境压力继续较大，原因是存量问题的解决还需假以时日，但资源能源消耗和环境污染增量的增速将明显下降。

2016年经济呈以上趋势的原因：国际经济和贸易增长继续乏力，地缘政治关系复杂多变，高端制造业国际竞争加剧，给中国出口和对外投资带来压力；制造业投资因产能过剩问题而继续低迷，房地产投资因库存较大而难有起色，基础设施投资因地方债务压力加大而举步维艰，依靠投资拉动经济的动能明显减弱；人口、资源、环境的约束继续趋紧；随着经济探底、结构调整阵痛加剧，各种矛盾凸显，给经济增长带来不利影响；去杠杆、去产能、去库存、降成本、补短板等会为未来长期经济增长带来利好，但短期会带来对增长的不利冲击；“三驾马车”与制度变革、结构优化、要素升级（或改革、转型、创新）“三大发动机”动能转换中可能出现的衔接困难带来发展的不确定性。

同时，中国经济前景依然光明，因为：经济全球化趋势继续，全球经济在深度调整中曲折复苏；新一轮全球技术革命和产业革命蓄势待发；“三大发动机”带来的制度变革生产力、结构优化生产力和要素升级生产力还将逐步释放；消费结构还在升级中，市场潜力很大；已积累的雄厚物质基础和人力资本将继续发挥作用等。

但美好的前景不会自动到来，需要我们分别采取科学合理的短期和长期措施。从短期措施来看，需要通过“去产能、去库存、去杠杆、降成本、补短板”等供给管理化解存量矛盾和问题，处理好宏观政策要稳、微观政策要活、产业政策要准、改革政策要实、社会政策要托底的关系，防范好各种经济风险。从中长期措施来看，要加快培育制度变革、结构优化、要素升级“三大发动机”，特别是要努力推进供给侧结构性改革，提高全要素生产率，以实现经济持续健康发展。

2016年我国经济运行将“前低后稳”

交通银行首席经济学家　连　平

连平，交通银行首席经济学家，博士，教授，博士生导师。

中国银行业协会行业发展研究委员会主任、中国金融论坛创始成员、国家高端智库·国家金融与发展实验室理事、中国首席经济学家论坛理事长、中国金融40人论坛成员和理事、享受国务院政府特殊津贴。

主要研究领域涉及宏观经济运行与政策、国际金融和商业银行。迄今在境内外各类报刊上发表文章450余篇，出版著作12部，主持完成国家级和省部级研究课题30余项。《利率市场化：谁主沉浮》专著获中国银行业发展研究优秀成果评选（2014年）特等奖。获评新浪财经2015年银行业综合评选“年度领袖经济学家”。彭博社2015年中国经济预测排名中资机构首位。

2009年以来共5次出席国务院总理主持召开的座谈会议。

2016年是“十三五”开局之年，经济运行存在四方面不确定性：全球经济缓慢复苏但前景并不明朗；美联储加息和大宗商品低位震荡；去产能与工业通缩双重压力；房地产投资能否在销售回暖的带动下企稳。有利于出口增长的因素增加，包括美欧经济复苏带动外需环境缓慢改善、对外经贸合作加深和区域贸易自由化水平的提高、国内自贸区及国家级新区改革创新开启对外贸易发展新时期、促进外贸增长政策继续出台并加快落实。预计2016年我国出口形势有望好转但只能实现低速增长，进口跌幅收窄。2016年固定资产投资增速仍有下降压力。在去产能力度加大、不良贷款率上升、工业通缩延续的三重压力下，制造业投资增速可能进一步下降。年初房地产投资增速可能继续下探，随着销售回暖逐渐消化库存，下半年有可能带动房地产开发投资企稳，但存在很大不确定性。稳增长仍是2016年重要工作，“十三五”开局之年可供启动的基建投资项目较多，基础设施投资可能保持快速增长。消费增长的潜力巨大，消费市场多元化、规范化发展，新的消费热点将引领消费结构转型，生活性服务业消费增长有加快之势。消费在经济总量中的占比将逐渐提升，成为稳定经济增长的首要动力。预计2016年经济增长可能达6.7%，全年经济运行呈前低后稳特征。经济结构转型与去产能持续推进，经济增长的质量和效率将持续提升。

目前经济运行的结构性问题较为突出，一方面，产能过剩问题严重，房地产库存高企；另一方面，经济结构转型和消费增长所需要的有效供给不足。未来需要在财政、金融、投资、产业政策以及深化改革等方面采取针对性举措，在需求端管理和供求侧结构性改革两方面双管齐下，很好地加以落实。一是实施更有力度、重点突出的积极财政政策。财政赤字率可扩大至3%左右，财政支出预算增长主要投向“促转型”、“调结构”重点支持的领域，促进消费结构升级和消费增长。加大财政赤字、财政支出与减税降费同时并举，尤其要减轻民营企业和小微企业负担。二是积极有序地推进去产能和去库存。以市场化方式为主，因地制宜、分类有序处置过剩产能，同时配合做好财税支持、不良资产处置、失业人员再就业等保障工作。有效推动区域协同和城乡一体化发展，通过需求的持续增长来促进去产能和去库存目标的实现。三是积极稳妥地深化改革。加大重要领域和关键环节的改革力度，重点推进财税体制改革、国有企业改革、金融市场体制改革、养老保险制度改革、医药卫生体制改革等。四是高度警惕并严密防范系统性金融风险。首先要有效化解地方政府债务风险，采取地方政府存量债务置换、扩大地方政府债券发行体量等措施逐步降低地方政府债务风险；其次要加强各类金融风险防范，特别关注经济下行压力加大、美联储加息周期开始和改革步伐加快背景下的股市、汇市等市场大幅波动所带来的内外联动的系统性金融风险，守住不发生系统性和区域性风险的底线。

展望2016年中国能源改革

厦门大学能源经济与能源政策协同创新中心主任　林伯强

林伯强，美国加利福尼亚大学经济学博士（Santa Barbara）。现任中国能源政策研究院院长、厦门大学能源经济与能源政策协同创新中心主任、厦门大学中国能源经济研究中心主任，是2008年教育部“长江学者”特聘教授，新华都商学院兼职教授。

目前主要的研究和教学方向为能源经济学和能源政策，国内兼任国家能源委员会能源专家咨询委员会委员，国家发展和改革委员会能源价格专家咨询委员会委员，中国能源学会副会长，中央人民广播电台特约观察员，中国石油天然气股份有限公司董事会审计委员会主席。国际方面现兼任达沃斯世界经济论坛能源顾问委员会委员和达沃斯世界经济论坛全球议程低碳能源理事会委员，以第一作者和通讯作者在国内经济研究经济学权威刊物和国际SSCI和SCI能源领域重点权威刊物发表接近190篇学术论文。

“十三五”期间我国能源行业面临的最大问题是比较低的能源需求“新常态”。由于中国产业重工化的耗能特征，即使中国仍处于城市化、工业化发展阶段，如果基础设施建设“最热闹”的时期过了，能源、电力需求将呈现比较低的增长速度。与需求增长速度相关的是“去产能”速度，目前庞大的能源产能将抑制能源价格，在量价双弱的情况下，2016年能源行业需要通过提高效率、降低成本来生存和发展，这需要宏观能源体制和价格改革的支持和配套。

2016年对于中国能源而言，满足需求已经不是问题，可以上下集中精力进行改革。能源体制改革和能源价格市场化改革密切相关、相互促进，既有改革的复杂性，也受宏观经济的影响，因此将会是一个复杂的渐进过程。“放开两头、管住中间”是能源体制改革的基本思路，也与价格改革相关。从能源体制上说，打破产业链一体化垄断是价格市场化改革的基本要求，“管住中间”针对能源的自然垄断，“放开两头“可以在技术和资本门槛要求相对比较低的环节为民营资本提供投资机会，促进市场主体多元化竞争是能源价格由市场决定的基本条件，因此需要体制改革支持价格改革。

从价格机制上说，以往能源价格的确定和调整常常是政府权衡政策目标和各方利益博弈的结果。现阶段国有能源企业不仅有经济目标，还常常强调“社会责任”，再加上与政府的隶属关系，能源价格和补贴的运作过程不透明，这些都导致民营对国企的不信任而缺乏“混合”的兴趣。对价格的行政干预可能导致收益的不确定性，这使“混合”的民营资本面临收益的不确定性，而收益的不确定性又将影响民营资本“混合”的积极性，因此需要能源价格改革支持能源体制改革。

2016年能源依然供大于求，低能源价格有益于能源改革。能源改革（尤其是更为敏感的能源价格改革）有两个基本前提条件：一是能源供需必须宽松，因为政府很难在能源短缺的时候进行改革，这个时候满足能源需求是首要任务，效率是其次，而改革是为了提高效率，满足需求可以没有改革。二是能源价格必须是稳定的或者是下行的。因为能源价格改革的最大阻碍在于改革后价格可能上涨，从而影响经济增长和社会稳定。在低能源价格的背景下进行改革，不会导致价格上涨，无非只是改变以前错误的定价方式，价格不变甚至降价，改革必然受到欢迎。因为相对而言，消费者更关心的是改革是否导致价格上涨，而不是政府以何种方式定价。在低能源价格时进行改革，可以最小化改革对经济增长和社会稳定的影响。

能源体制改革的基本内容是在完善能源行业政企分开、油气网运分开，电力售电侧改革的基础上，逐步建成能源行业“管住中间、放开两头”的市场化体制架构，形成能源市场化竞争机制。改革过程中重视向社会资本开放，政府通过放开竞争性环节价格，逐步放开公益性和调节性以外的能源计划。

筑牢新经济增长的基础

南开大学经济研究所副所长、南开大学滨海开发研究院副院长　刘　刚

刘刚，南开大学经济研究所副所长，南开大学滨海开发研究院副院长，主要研究领域为创新经济和创新政策。

从经济结构调整的进程看，2016年中国经济增长仍将在底部徘徊，存在着继续下滑的可能性。做出这一判断的根据主要包括三点：一是西方发达国家经济增长乏力，国际市场仍然疲软；二是国内市场需求结构调整，不仅出口产品难以转化为内需，而且化解产能过剩需要一定的时间；三是尽管2015年出台了包括“互联网+”“中国制造2025”和“众创”在内的供给侧政策，但是政策的实施需要一个过程，短期内难以转化为经济增长。

基于经济形势的总体判断，作为“十三五”开局之年的2016年，经济工作的重心是为未来新经济增长打好基础，决不能急功近利。其中，对实现经济结构调整关键动力来源和发展逻辑的系统识别和梳理，是重中之重。

从近年来调研的情况看，为了中国经济的长期增长和发展，2016年亟待展开的工作包括：

第一，以消费升级为着眼点，实现供给侧管理推动有效供给的增长。作为发展中大国，中国的消费升级表现在诸多方面，例如，服装上的快时尚，

食品上的绿色有机，交通上的新能源汽车都存在着升级的空间。另外，中国的消费升级还表现在多个层次上，例如，农村同样存在着消费升级。在不同的消费升级领域和层次上，都有很多文章可做，在供给侧管理中，应当沿着消费升级的方向推动有效供给的增加。

第二，以构建创新生态系统为导向，提升制造业的国际竞争力。改革开放以来，工业化和制造业的发展是中国经济增长的基本驱动力量。在新的发展阶段，从制造向创造的转型是经济增长新的驱动力量。而要实现从制造向创造的转型，关键是以产业为主导构建创新生态系统。例如，中国的纺织服装产业正在从以加工生产为主导的生产网络向以设计研发为主导的创新网络转型。创新生态系统的建设，将为现有产业国际竞争力的提升注入新的生机和活力。

第三，打破既有利益格局的束缚，通过改革释放经济发展的活力。经过近10多年的沉淀，在经济发展中已经形成了诸多影响经济发展的既得利益格局，抑制了新经济增长动力的发挥。在一些领域，不仅国家政策没有有效促进新增长动力的释放，反而助长了“寻租”现象的发生。

随着新的经济增长动力的释放，中国经济会变得越来越复杂和精致。例如，创新生态系统的构建，会使制造的前端和后端的链条拉长，提高分工和专业化的水平。每一次消费升级都意味着中国创新能力的提升。更为重要的是，每一次经济发展都需要新的动力和机制，绝不能再沿用过去管理经济的思维和方法，否则会搬起自己的石头砸自己的脚。

大力完善法治化营商环境，助推2016年经济稳中有进

中国人民大学法学院教授　刘俊海

刘俊海，中国人民大学法学院教授、博士生导师，商法研究所所长。兼任中国行为法学会公司治理研究会副会长、中国消费者权益保护法研究会副会长兼秘书长、国家工商总局市场监管专家委员会委员、全国总工会法律顾问委员会委员、中国国际经济贸易仲裁委员会仲裁员、中国证券投资基金业协会自律监察委员会委员、国际金融公司（IFC）公司治理顾问、中国青年企业家协会指导委员会委员、亚洲开发银行《中国证券期货市场法律体系改革》课题组专家组组长（2014～2016年）等职。曾兼任中国消费者协会副会长，中国证监会规划委副主任研究员等职。研究专长为公司法与证券法。参加了《证券投资基金法》《政府采购法》《企业国有资产法》《公司法》《证券法》《合伙企业法》《消费者权益保护法》等项立法工作。2006年，获评第五届“全国十大杰出青年法学家”。

在经济下行压力较大的情况下，要助推2016年经济持续增长，必须进一步完善法治化营商环境。完善法治化营商环境既是先进的法律理念，也是科学的制度设计，更是自觉的社会实践。

首先，完善商事法律体系，鼓励投资兴业，维护交易安全。

良法是善治的前提。立法不科学会束缚资源的合理流动与优化配置，不

仅造成资源浪费，而且阻碍企业创新。为预防部门利益法律化现象，建议立法机关通过委托独立第三方起草法律法规草案、立法听证等多种改革举措。

要正确处理民法与商法的关系。民法与商法相辅相成，不可偏废。要在编纂《民法典》的基础上，抓紧完善确认商事主体、规范商事行为的商事法律制度。建议修改《公司法》，增设公司集团制度，规范母子公司关系，促进企业做大做强做优，保护中小股东与债权人的合法权益；建议修改《证券法草案》，进一步拓宽证券法的调整范围，积极推动股票发行核准制向注册制的改革，加大投资者权益保护力度，确立强制分红制度、账簿查阅制度、公益诉讼制度、惩罚性赔偿制度，强化知情权、选择权、公平交易权、安全保障权、索赔权、隐私权、治理参与权的制度设计。

其次，鼓励企业理性自治，激励企业创新，约束企业自律。

企业自治是企业创新的前提，是法治化营商环境的灵魂，是市场经济富有活力的秘笈。对商事主体而言，法无禁止即可为，法无明文即自由。行为自由原则既包括双方行为自由（契约自由），也包括单方行为自由，还包括多方行为自由（如章程自由）。要鼓励企业根据平等自愿、包容妥协、多赢共享、诚实信用、公平公正的原则，自由缔结法律关系，自由开展公平交易，自由获取生产要素，自由销售商品与服务，自由开展公平竞争。凡是不公然违反强行性法律规定中的效力性规范、诚实信用原则和公序良俗原则，不损害社会公共利益的公司章程、自治规章、契约和契约性安排都属于有效。

既要鼓励公司的业务创新和产品创新，也要鼓励每家公司在综合考量产业属性、盈利模式、资本规模、经营规模、企业成长阶段、公司文化和投资理念的基础上，量体裁衣设计个性化章程，彻底终结抄袭工商局章程范本、照葫芦画瓢地起草“傻瓜章程”的历史，以完善公司治理，建立内安外顺的营商环境。

再次，创新信用监管体制，建设法治政府，促进政府监管现代化。

为制度上预防监管者的道德风险，监管者必须严格遵循主体法定、职权法定、程序法定的法治原则，规范政府行为尤其是日常决策与执法活动，真正把行政权关进法治的笼子。从某种意义上来说，法治是“保民”与“治官”的有机统一。法律既要保护公民与企业的民事权利，又要规范公权力。要划清政府和市场之间的边界，监管者必须牢记“法无授权不可为、法定职责必须为、违法作为必问责”的行政法理念，公民和企业则需牢记“法无禁止即可为”的民商法理念，以及“罪刑法定、无罪推定与疑罪从无”的刑法理念。

最后，健全多元化商事争议解决机制，降低维权成本，提升维权收益。

权利具有可诉性。没有救济，就没有权利。在市场经济社会，商事争议的发生并不可怕。关键在于，商事纠纷能否获得及时公平的解决。因此，以现代互联网技术与通讯技术为基础，建立健全快捷公正的多元化商事争议解决机制是建设法治化营商环境的重要内容。

从理想目标来看，友好协商、民间调解、行政调解、仲裁和诉讼五大争议解决途径在运用的数量上依次递减，构成“金字塔”结构。其中，绝大多数公司争讼应当通过友好协商解决，因此友好协商构成了金字塔的塔基。友好协商解决不成的，应当尝试调解（民间调解与行政调解）途径。调解还是仲裁和诉讼机制中的必经程序。因此，调解的重要性和适用范围仅次于友好协商。如果友好协商和调解未果，而且当事人在纠纷发生前或者纠纷发生后订有仲裁协议或仲裁条款，则公司争讼提交仲裁机构予以仲裁。如果友好协商和调解未果，又缺乏相应的仲裁协议或者仲裁条款，公司争讼只能诉至法院。诉讼成了解决公司争讼的最后一道防线，并居于金字塔的塔尖。

法院和仲裁机构作为裁判者，必须对各方当事人一视同仁，国有企业与民营企业发生纠纷时，既要反对国有企业以“共和国长子”自居，大打英雄牌，也反对民营企业大打悲情牌。商事争议的解决必须彻底回归契约自由、契约正义与契约严守的契约精神。

要不断增强司法公信力，坚决铲除司法腐败和司法专横现象。司法不公现象吞噬着公众对法治的信任。要大刀阔斧地改革司法体制与仲裁体制，打造服务型的司法机关与仲裁机构。

我国当前既有市场主体维权成本过高、甚至“为了追回一只鸡、必须杀掉一头牛”的尴尬现象，也有虚假诉讼、恶意诉讼与无理缠讼等滥用诉权的现象。因此，必须综合采取释明教育为主、司法制裁为辅的有效措施，加大对虚假诉讼、恶意诉讼、无理缠讼行为的惩治力度，有效地预防和减少滥诉现象。

任何权利都是有边界的。权利与义务如影随形。市场主体既要学会拿起法律武器维护自己的合法权益，也要严格践行法律义务，自觉担当社会责任。倘若如此，法治化营商环境就能早日建成！

扩大有效需求仍具有现实性和紧迫性

国家发改委投资研究所研究员　刘立峰

刘立峰，1965年5月17日出生于北京。1999年毕业于中国社会科学院研究生院，经济学博士学位。2003年被聘为研究员。2002～2008年，为中国社会科学院研究生院硕士生导师，2008年至今为中国社会科学院研究生院博士生导师。2009年，被评为新世纪百千万人才工程国家级人选，2012年，获得国务院特殊津贴。现为国家发改委投资研究所研究员，国家发改委宏观经济研究院学术委员会委员，中国投资协会理事，国家开发银行专家。主要研究领域为政府投资与融资、投资与经济发展战略、投资与经济中长期规划。曾参与数十项重大课题研究，公开发表文章200余篇，出版过专著三部，主编两部，参与20多部书籍写作。

曾主持国家发改委宏观院重点课题《国债政策可持续性和财政风险》《地方政府融资研究》，主持国家发改委投资司委托《投资宏观调控工具研究》《"十二五"政府投资研究》，国家开发银行委托《"十二五"投资结构研究》《财政资金与银行资金配合使用研究》《投资结构与效益的国际比较研究》等课题研究；参加国家发改委宏观院《地方政府债务可持续性研究》《城镇基础设施投融资问题研究》《新常态下政府投资方向和方式选择研究》以及《湖南省基础设施和公共服务公私合作研究》《云南滇中新区系统性融资规划》《新疆天山北坡经济带系统性融资规划》《新安江流域开发系统性融资规划》等课题研究。

2015年，我国GDP增长6.9%，增速比2014年回落0.4个百分点。分季度的GDP增速也趋于下滑。规模以上工业增加值增长6.1%，增速下降2.2个百分点。固定资产投资实际增长12%，增速下降2.9个百分点。社会消费品零售总额也只增长了10.7%。全年进出口下降7%。其中，出口下降1.8%。国民经济主要指标表现不佳，且还有继续下滑的趋势。

当前，我国经济进入新常态，以往依赖需求管理的增长模式造成产能过剩、债务激增等问题，供给侧改革被认为是提高经济潜在增长水平、提高经济发展质量和效率的关键。但是，后者是一个中长期的过程，以中国所处的国际产业分工链条中的位置看，要实现比较优势的动态转变、经济迈向中高端水平还需要相对较长的时间。应对2016年可能持续的经济下滑，供给侧改革有点“远水解不了近渴”，扩大有效需求仍然具有现实性和紧迫性。

当前，货币政策已经出现重要的变化。2016年1月，人民币贷款增加2.54万亿元，同比多增1.07万亿元。而国家发改委也早在2015年就不断加大重大工程项目投资力度，加快推进11大类重大工程建设，两批共发布了2500多个PPP项目，总投资达4万多亿元。可见，我国财政、货币政策已经进入了十分宽松的运行轨道，主要目的就是要刺激投资和消费需求增长。

根据IMF《世界经济展望》更新报告，2015年全球经济增长3.1%，2016年和2017年全球经济增速分别为3.4%和3.6%，经济活动复苏缓慢。新兴经济体目前普遍增速放缓，巴西、俄罗斯等国陷入严重经济衰退；发达国家的债务危机远未结束，杠杆率没有明显的下降；美联储加息的可能性仍然存在，资本外流将刺破发展中国家的资产泡沫，使这些国家陷入金融危机。2016年，中国经济面临比2008年国际金融危机时更为复杂的环境，外需扩张的余地较小。

未来有利于投资增长的因素很多。“一带一路”、“长江经济带”、京津冀协同发展的战略组合，拓展了我国区域发展的新空间；“大众创业、万众创新”有利于打造新引擎、形成新动力；简政放权、强化服务的改革让各类投资主体释放出新的活力。但不利于投资发展的因素也同时存在。以往经济增长倚重的资源型产业“去产能化”任务艰巨，投资增长潜力不大；经济转型与升级是一个长期的过程，新兴产业的承接能力还相对较弱；规划、土地、环保等门槛提高，限制了某些产业的投资。

由于实施了宽松的财政和货币政策，2016年经济增长止跌企稳可能性较大。但是，经济和投资能否实现反转并进入稳定增长平台，还取决于两方面关系的正确处理。第一，政府与市场的关系。只是政府和政策发力，而市场和企业不跟进，反周期的政策措施不可能收到好的效果。要增强市场主体信心，改善投资者预期，激发增长的内生动力。第二，中央与地方的关系。长期以来，地方政府都是经济增长的主要力量。目前，地方政府融资体系正处于重构阶段，其投资能力大不如前，难以对中央政策形成有力支撑。需要不断明晰中央与地方事权和支出责任的划分，继续推进分税制改革，拓展地方政府的融资渠道。

应对当前经济下行需进行结构性改革和调控

国家发改委价格监测中心高级经济师　刘满平

刘满平，1977年生，男，湖南祁阳人，经济学博士，高级经济师，副处长，现任职于国家发展和改革委员会价格监测中心，国家发展改革委能源价格委员会专家，2006～2009年曾任职于中共中央办公厅秘书局综合调研处，主要研究宏观经济、能源经济、价格政策等，在《经济学动态》《人民日报》《经济日报》《中国证券报》《中国软科学》《中国电力》等发表过100多篇学术论文。

著有专著《中国宏观调控系统运行、转换与绩效研究》，与他人合著《城市燃气价格改革：国际经验与选择》，参与过国家发改委煤电价格联动政策制定、天然气分布式示范项目价格课题研究、天然气以及成品油价格改革机制研究等，获得第六届“薛暮桥价格研究奖”、“国家发展改革委中青年干部经济研讨会优秀论文奖”等；主持和参与过国家能源局委托的能源体制改革、油气管网体制改革、天然气基础设施公平开放等多项部委课题。

从宏观走势及国内外经济发展环境来看，2016年我国经济仍存在下行压力，增速还要下滑，风险可能继续累积：从外部看，尽管美国经济增长相对较好，但全球经济仍难以摆脱深度调整压力，复苏乏力，外需依旧比较疲弱。从国内情况看，一是土地、人口等传统的要素驱动红利衰减，优势逐步丧失；二是资源环境约束加大。过去30年我国经济发展走的是粗放式经济增长之路，这种发展方式使得资源被掠夺性开发，环境污染日益严重，劳工福利长期得不到提高，是不可持续的。但要转变此发展方式，建立绿色、低碳和循环发展方式，潜在的含义就是资源和环境不再廉价，意味着投资成本上升，企业投资意愿下降，给经济增长带来巨大压力。三是房地产、钢铁、建材等资源能源密集型重化工业发展的高峰期已过，拉动GDP增长的能力下降。四是新的经济增长动力尚在形成之中，对经济拉动作用还未占主导地位。此外，目前经济下行还有其他几个方面的非常规因素：一是政府主导动力枯竭，尤其是地方政府庞大的土地财政和土地抵押债务不具有可持续性，同时导致政府的发展属性过强，公共服务功能欠缺，使居民消费意愿和消费能力不足，无法拉动内需；二是国企产能过剩挤压民营经济，造成重复投资、无效投资的不断累积，导致经济发展严重乏力，造血机制不足；三是政府施政过程中出现的严重不作为或者上下目的、理解出现偏差的问题；等等。

当前经济的下行有一定周期性原因，但更多还是自身经济结构的问题，呈现出结构性周期特征。对于这种下行，我们不能期望短时间内就能解决此问题，也不能重复以前的那种大规模、大范围、大手笔的逆周期总量调控措施，只能寄希望于结构性改革和结构性调控。为此，我建议：

一是要更加重视预期管理和引导。预期是微观市场主体经济行为重要参数，进而构成宏观经济运行重要变量，当前由于经济形势复杂多变、不确定因素增多，特别是在网络信息十分发达的环境中，社会上存在诸多不利预期，例如，看空我国经济增长预期；人民币贬值预期；改革政策措施效果不好预期；等等。众多不利预期会影响社会信心和宏观政策实施效果，因此需要加以引导和管理。政策决策部门一定要做好以下两点：把稳定预期放在突出位置上，不断明确表明对经济稳定增长，“不让增长滑出下限”的态度、信心、判断和立场，以提振整个市场的信心；及时公布权威性、重点性、及时性、无偿性、透明性和可信性的政府信息或政策，并在第一时间通过多种方式进行科学解读，以促使政府政策规则、政策制定、政策目标和政策导向等保持稳定性、透明性、可预知性和可学习性。

二是拿出破釜沉舟的胆略和勇气，加快建立过剩产能退出和市场出清机制，把沉淀闲置的资源解放出来，加大力度清理“僵尸企业”。

三是多措并举降低社会成本和企业负担。例如，实施结构性减税；完善能源价格机制，降低用电成本；适当降低失业保险和住房公积金缴费比例；降低融资成本等。

四是积极防范和化解国内可能爆发的金融风险。由于经济下行，国际、国内金融危机发展进入新的风险凸显期，有可能随时爆发。政府必须提前谋划，加强防风险能力建设，通过“隔离损失”、“债务重组”和“释放局部风险”来有序缓释和防范系统性风险。

五是在重视供给侧结构性改革的同时不能放弃需求侧改革，供给侧与需求侧不是对立的关系，而是相辅相成的。目前我国需求侧的潜力尚未完全开发出来，还有进一步挖潜的空间。况且，在传统投资领域空间和效率下降的同时，需要在有消费支撑和促进技术进步的领域加大投资，优化投资结构，确保总需求稳定增长。

2016年的发展与改革是对我国经济政策制定和治理的全面考验

国务院发展研究中心学术委员会副秘书长　刘守英

刘守英，湖北洪湖人。毕业于上海复旦大学经济系，美国威斯康星大学农经系与土地研究中心及美国哈佛大学肯尼迪政府学院访问学者。中国经济时报社前社长兼总编辑。

其代表性论文有《土地制度改革与国民经济成长》，翻译著作主要有《财产权利与制度变迁：产权学派与新制度学派译文集》等。近年出版的有影响的专著有：《中国土地政策改革》《土地制度改革与转变发展方式》《直面中国土地问题》《讲中国故事的时代》（即将出版）等。

2016年仍将是中国经济继续探底的一年，形势比2015年要更加复杂和难以应对。除了投资和出口难有改观、经济下行地区难有起色、支撑传统发展模式的僵尸产业和企业情况更糟以外，2016年可能会出现一些新的情况，如企业和消费者的预期不稳加剧，政府不作为难以扭转，地方政府债务后遗症进一步显化，除部分区域以外的房地产价格下跌和资产缩水加剧，以及由企业死亡带来的失业增加，经济情况波及的民众心理失衡以及由此可能引发的群体性事件，国际形势复杂化对“一带一路”战略实施的影响和周边环境变化的影响与应对。

在应对2016年经济困境时，在理论上对中国经济下行的历史性和特殊性进行深刻分析，有利于制定更正确的政策，以免犯历史性错误。一是坚定这一轮经济下行是增长阶段的转换，而不是周期性波动，从而坚定信心从中长期根本解决中国经济存在的结构性问题，如果在一些指标上出现问题就采取应对周期性波动的办法，将延缓结构性改革的步伐，加大经济转型的难度。二是要认识到这轮经济下台阶的特殊性，一个是从来没有下那么大，需要有缜密的经济和社会政策来化解由此带来的问题。另一个是由于政府主导发展模式，这个台阶下得也不正常，具体表现是，传统发展模式阶段会因政府主导把速度拉得过高，进入新常态以后政府不作为又使速度下得过快。如何弥合一高一低是对政策的历史性考验，我们既要应对过去过高造成的问题，又要解决政府走向新职能前不作为导致的过低问题。

2016年的发展与改革是对我国经济政策制定和治理的全面考验。一是要在全面分析和认真调研的基础上，充分释放增长潜能和空间，以应对经济下行，减少阵痛。从我们的调查来看，由于消费者需求变化，一些行业的市场需求增加，经济机会涌现，只要提供好的政策和制度环境，民间投资就会上升，带来新的增长点；沿海地区的产业升级正在加速进行，市场化程度越高的地方，产业升级越顺畅，这些区域有望率先从下行趋势中走出，继续成为推动中国经济转型发展的火车头；一些城市化程度高的地区进行城市更新阶段，城市更新、城市集聚和增强城市之间的连接性，会带来巨大的财富和增长机会；城乡一体化进程加速，城市和乡村之间的连接带要素流动加速，机会增加，农村地区农业发展方式转变加快，农村地区空间可以为发展释放动能，农业服务业化和农村制造业发展，为产业拓展提供机会。

以改革应对产能过剩问题。这一轮的产能过剩，与历史上曾经出现的情况相比，一个是发展阶段转换使然，由于发展阶段变化，过剩的产能不可能通过周期性变化来消化，因此就必须要把规模减下来，让必须淘汰的产业和企业死掉一批。因此，处理产能过剩问题，是应对发展阶段转换的一场革命；另一个是体制使然，目前过剩产能最严重的在国有企业，难以解决的也是由于旧体制下的包袱和负担难以消化。因此，2016年既是应对危机之年，也是机遇之年，以去产能为契机，中央和地方分别负担消化国有企业臃员和历史包袱问题，在此基础上，推进国有企业改革，提升企业效率，促进产业转型与结构调整。

深化财税改革是复杂形势下供给侧改革的基础

上海财经大学中国公共财政研究院执行院长　刘小川

刘小川，男，重庆市人，1956年5月出生，教授、博士生导师。现任上海财经大学中国公共财政研究院执行院长，兼任中国财政学会理事、中国税收教学研究会副会长。在《管理世界》《财贸经济》《财政研究》等国内外刊物发表论文100余篇，出版专著、译著、教材30余部，主持国家社科、财政部、江苏省和上海市等研究课题40余项，获得国家级、省部级各类科研奖励20余项。

2016年我国经济形势依然严峻，经济下行压力还将延续，主要体现在三个方面：一是经济增长压力。根据官方数据显示，我国经济增长速度在逐年下降，2015年增速下降0.4个百分点，预计2016年的增速将进一步下降0.3~0.4个百分点，以此来看经济增长下行非常明显，这是我国经过长期高速发展之后的必然过程。二是外贸压力。我国进出口总值指标，2014年尚增长2.3%，可是2015年出现了7%的负增长。三是财政压力。我国财政收入指标，2014年增幅为8.6%，2015年增幅下降到了5.8%，首次出现低于GDP增速的现象；我国财政支出指标，2014年增幅为7.8%，2015年增幅增加到13.2%。收入的下降和支出的增加导致了赤字的加剧，2015年增加到23551亿，比上年增加了45.2%。由此判断，2016年财政状况不容乐观。

除此之外，我国产业结构、供求结构、分配结构的调整任务仍然非常艰巨，需要我们在政策路径和制度创新两方面寻求关键性突破口。在政策路径方面，要重点化解产能过剩、保持经济增速平稳、构建市场公平环境以及培育新兴产业等；在制度创新方面，要进一步加强市场化改革力度、推进行政体制改革创新以及主动营造宽松的国际发展环境等。

2016年是我国“十三五”规划的开局之年，面对错综复杂的国内外环境，供给侧改革思路的提出恰逢其时。供给侧改革核心，一是如何清晰政府和市场的边界，二是明确政府与市场的关系。根据我国社会主义市场经济的特征，显然这场改革的基础性建设重任来自于财税改革。供给侧改革包含三个层面，或需要解决三个问题，即市场供给、体制供给和全球链供给。欲奠定改革基础，需要财税改革率先发力，为供给侧改革的三个层面提供支撑与保障，因此供给侧改革离不开财税制度改革。

在市场供给层面，过去全方位的财税扶持政策应该逐步减退，同时加强财税调控政策的精准度和有效性；在体制供给层面，应该重点聚焦于国有资产管理机制改革（包括国有企业）、行政事业单位职能转换改革以及财税治理方式的创新改革；在全球链供给层面，由于全球经济一体化对中国影响的日益增强，财税制度需要在“一带一路”倡议、人民币国际化战略、要素国际化流动方面予以匹配和支持。

“十三五”期间，我国财税制度改革的思路，可以从四个方面切入并持续推进。第一，财税法规体系建设，这是我国财税制度有效运行乃至社会经济平稳发展的必要保障；第二，民主财税制度建设，包括决策民主、运行透明、社会监督等方面，这是体现我国经济、社会、政治一体化融合的有效途径；第三，财税体制的深化改革，重点改革领域包括分税制的完善与规范、央地财政关系的协调以及转移支付制度的建立，这是我国社会经济健康发展的前提；第四，公平财税制度建立，主要包含全覆盖的社保制度、公平税收负担制度以及政府债务的风险防范制度等，这是维护我国市场经济秩序的基础。

用全球视野推进“去产能”

国务院发展研究中心副主任、研究员　隆国强

隆国强，现任国务院发展研究中心副主任、党组成员，研究员。1966年生，湖南邵阳人。

北京大学理学学士（1987）、管理学硕士（1992）、经济学博士（1998）。参加中国人民大学中美合作现代经济学培训（福特班），国际货币基金组织金融规划研究班，参加清华大学/哈佛大学高级公共管理培训班。

1987～1993年，北京大学分校城市与区域科学系，历任助教、讲师、系主任助理。

1993～2013年，历任国务院发展研究中心对外经济研究部研究室副主任、主任、研究部副部长、研究部部长。其中，1998～1999年，应邀赴美国布鲁金斯学会任访问研究员。

2013～2015年，任国务院发展研究中心党组成员，兼任办公厅主任。

兼任对外经贸大学博士生导师、北京大学、北京理工大学、延安干部管理学院等多所大学教授/研究员。中国国际经济合作学会副会长、中国国际贸易学会、WTO研究会理事、世界经济论坛2009全球贸易议程委员会副主席。

长期从事中国对外经济政策的研究，在对外贸易、跨国投资、经济合作、特殊经济区、区域经济合作等领域完成多项重大政策研究报告；研究领域还包括宏观经济、产业政策、粮食经济、汽车工业等。多次参加国务院和相关部委的经济形势分析与政策研讨会议，2007年为中共中央政治局集体学习讲解《扩大对外开放，维护国家经济安全》。

享受国务院特殊津贴专家。获北京市哲学社会科学优秀成果一等奖（集体）、“北京市优秀青年骨干教师”荣誉称号；多次荣获国务院发展研究中心年度优秀论文

奖、中国发展研究奖、全国外经贸优秀成果奖等。

“去产能”是2016年供给侧结构性改革的五大任务之一。部分产业的产能利用率过低，导致全行业利润下降甚至全行业亏损，不利于企业正常经营，更谈不上增加创新投入实行转型升级。“去产能”是要使这些产业的产能利用率恢复到一个合理的水平，为产业健康发展并推进转型升级创造条件。

“去产能”不能局限于国内市场，要有全球视野。

第一，用全球视野看待和衡量产能过剩。我国产能过剩严重的产业，大多是上一轮经济繁荣期形成的针对国内市场的资本与技术密集产业，如钢铁、建材、石化、汽车等产业。这些产业并非不可贸易产业，恰恰相反，这些产业国际贸易程度还是比较高的。如果用产能与国内市场需求量相比，这些产业“过剩”程度很高。但是，如果放到全球市场来衡量，就会发现，这些过剩产业的一个共同特征，是出口比重较低，其产能过剩的根本原因是国际竞争力不足。

第二，用全球视野来设计“去产能”的思路。如果仅从国内市场来解决产能过剩问题，作“减法”是唯一选择。用全球视野来考虑，则要“减法”与“加法”并重。对于那些确实落后的产能，要用“减法”，毫不手软地让“僵尸”企业入土为安。对于那些有望形成国际竞争力的企业，则要作“加法”，通过增加投入，增强创新能力，提高产品质量、品牌与服务，尽快形成国际竞争力，通过利用国际市场需求来实现提升产能利用率的目的。

第三，用全球视野推进“去产能”工作。一是要大力开拓国际市场，既要开拓发达国家的市场，也要重视新兴经济体市场。新兴经济体正在推进基础设施建设、推进工业化城镇化，市场容量扩张快、潜力大。二是要把“去产能”与国际产能合作有机结合，用对外投资的手段实现“去产能”。选择重点国家，推进产能合作，适当将部分优势产能转移出去。三是要把“去产能”与推进“一带一路”有机结合。基础设施建设是“一带一路”的优先领域，将进一步增加对资本技术密集产品的新需求，为我国优势产能提供新市场。因此，推进“一带一路”，既有利于东道国经济发展，又有利于我国优势产能开拓国际市场，实现互利共赢，既利当前，又利长远。四是用进一步扩大对外开放来推进“去产能”。吉利汽车并购了沃尔沃，获取了技术、品牌和国际销售渠道，2015年实现了国产中高档轿车对美出口。这启示我们，应该进一步支持中国企业通过对外投资整合全球资源，增强我国资本与技术密集产业的国际竞争力，利用国际市场提高产能利用率。与此同时，也要进一步开放资本技术密集产业，吸引外国投资者参与并购重组，利用外资企业的技术、品牌与国际销售渠道来增强我国资本与技术密集产业的国际竞争力。

供给侧改革微观机制是关键

兴业银行首席经济学家　鲁政委

鲁政委，兴业银行首席经济学家、华福证券首席经济学家、兴业研究副总裁。2010年被评定为“上海金融领军人才”、“首届沪上十大金融创新人物”；在金融界和百度新闻联合评选的“2011年度中国最受关注的十大经济学家”中以“前瞻”名列榜首。

供给侧改革是我们党和政府为经济“新常态”所开出的政策药方，预计整个“十三五”期间我们都将与“供给侧改革”相伴而行。

目前关于如何更好推进供给侧改革，已有大量策论，但均偏向宏观层面。的确，经济“新常态”下所出现的“四降一升”这些结构性问题的症候，以及中央为此部署的去产能、去库存、去杠杆、降成本、补短板五大重点任务，似乎都是宏观问题。然而，在笔者看来，问题是宏观的，症结却在微观；要真正避免结构性问题的反复出现，是仅仅靠宏观政策所无法完成的。

细想起来，所谓经济增速下降、工业品价格下降、实体企业盈利下降、财政收入增幅下降、经济风险发生概率上升这“四降一升”之类的症状，其实本来是教科书中市场经济中最为典型的“周期性”现象，而在我国却演变成为“结构性问题”。这最尖锐地表明了我国经济运行的微观机制存在严重的功能障碍：对价格信号不敏感，缺乏市场经济下均值回复之类的矫正机制，导致“看得见的脚踩坏了看不见的手”！所以，当前应该花大力气康复“看得见的手”的功能，否则，即便当前依靠“看得见的脚”迅速强力地完成了“五大重点任务”，那么，未来新的结构性问题仍会层出不穷，并导致“看得见的脚”越来越忙、越来越强、越来越畸形粗壮。正因为如此，2016年新年伊始权威人士即在《七问供给侧结构性改革》中就清醒地表示：“当前最重要的是明确政府的权力边界。”

不少研究者把我国当前的供给侧改革与美国和英国20世纪70年代的供给学派进行对比，并在此基础上提出了一些疑问。比如，英美供给学派兴起的大背景是“滞胀”，物价比较高，而我国当前虽然也是经济减速，但物价却面临着通缩压力。物价这一宏观背景上的天壤之别，是否存在适用类似药方的可能性？其实，从中医的传统智慧看来，寒热不同，但病理一致：全部都是因为此前“看得见的脚”介入过深，导致“看不见的手”功能严重萎缩！英美政府20世纪60年代的“伟大社会计划”，直接导致政府在福利和公共服务上的大包大揽，从而构成了后来通胀的推动因素，同时造成国有企业范围过度扩张，支出增加进而导致税率偏高。作为这种纠偏，英美的供给学派提倡大量减税、大力压缩政府非国防预算支出、大幅减少政府管制、大规模推进国有企业的民营化。所有这些，其实都是对此前显著萎缩的“看得见的手”所采取的非常具有针对性的康复措施。如果从这个角度来说，虽然我国当前的供给侧改革与英美当年并不完全一致，但的确具有一定的借鉴意义！

调动发展潜力保障经济稳定和可持续发展

国务院发展研究中心技术经济研究部部长　吕　薇

吕薇，女，博士，国务院发展研究中心技术经济研究部部长，研究员，获政府特殊津贴专家，第十一届、第十二届全国人大常委会委员，财经委员会委员。

主要研究领域：产业发展和组织政策、创新政策和科技政策、高技术产业和装备制造产业政策、竞争政策、知识产权、中小企业政策等。曾获国家科技进步奖、孙冶方经济论文奖、中国发展研究奖特等奖、一等奖和二等奖等。

2016年是“十三五”开局之年，也是我国推进供给侧结构性改革的攻坚之年。目前，国际经济形势复杂多变，国内经济下行压力较大，我们要实行短期与中长期政策结合、供给与需求政策结合、发展与改革结合，稳增长、调结构和防风险并举，调动巨大的发展潜力，保障我国经济稳定和可持续发展。

实现供给侧结构性改革的目标是优化要素配置，提高要素生产率。目前，我国的要素成本上升，适龄劳动人口增长减速，投资的边际收益下降。2015年中央经济工作会上提出实现供给侧结构性改革，明确“三去、一降、一补”五大任务。其实质就是整合存量，淘汰无效产能；优化增量配置，调整结构；降低不合理成本，提高投资和企业效率，最终实现提升要素生产率。

实现供给侧结构性改革不是不要需求管理。目前，我国的产能过剩并不主要是因为需求不足。一方面是供给的质量和结构不能适应消费需求。如我国的居民到外国采购大量商品，包括奶粉等生活必需品和中高档消费品。另一方面，由于体制和政策等因素导致部分需求得不到满足，供给不能有效利用。如我国城市地下管网、农村的生活垃圾、废水处理和危房改造欠账较多，启动这些项目需要大量钢材和水泥。我国居民收入差距较大，需求档次多样化。因此，要在适度扩大总需求和调整需求结构的同时，增强供给结构对需求变化的适应性和灵活性，增加有效供给，满足我国居民日益增加的多样化需求。

改革是实现供给侧结构调整的重要驱动力。首先，通过改革发挥市场在资源配置中的决定性作用，激发市场微观主体的活力。目前，许多过剩产能是在各级政府干预和支持下形成的，因此，实现供给侧结构性改革要进一步转变政府职能，克服政府干预过多和监管、服务不到位的问题。要坚持依法行政，实行简政放权与优化服务结合、放管结合，建立公平竞争的市场环境，平等保护各种所有制企业的产权，完善诚信体系，打破行政性垄断，规范竞争规制和市场秩序，真正形成优胜劣汰的市场环境和竞争机制。同时，继续实施积极的财政政策和稳健的货币政策，统筹运用多种政策，加大对实体经济的支持力度。

实现供给侧结构调整要依靠技术创新带动。供给侧结构性改革的重要任务就是要推进产业结构优化升级。要支持传统企业技术改造，大力培育新兴产业，加快技术、产品、业态和商业模式创新，提高供给质量、优化供给结构、创造新供给，增强产业竞争力。深入实施创新驱动发展战略的关键是营造有利于创新创业的生态环境，加强知识产权保护，完善多层次的资本市场，加强人才培养引进和激励机制，培育包容失败的文化氛围，调动全社会创新的积极性，特别是要充分调动企业家的创新活力。

2016年我国经济有望阶段性触底

国务院发展研究中心宏观经济研究部副部长　孟　春

孟春，国务院发展研究中心宏观部巡视员，研究员，博士生导师。曾任中共中央党校经济管理教研室讲师、国家财政部地方预算司专项资金处处长、广西财政厅副厅长、中国长城资产管理公司审计部总经理。主要研究领域：宏观经济、区域经济、财税政策、公共政策等。先后在报刊杂志上发表《以PPP模式助推新型城镇化建设》等多篇论文，独著、合著、主编《中国稳健财政政策研究》等多部著作，撰写了一系列内部研究报告。目前主要社会兼职：中国科学院大学中国PPP研究中心教授、北京大学中国公共财政研究中心研究员、中国国际咨询工程公司第一届专家学术委员会专家等。

2016年是“十三五”规划的开局之年，是推进结构性改革的攻坚之年。当前我国经济发展进入新常态，经济结构调整步伐不断加快，一些潜在的风险和结构性矛盾有所显露，经济下行压力比较明显。不过，我国经济结构调整将出现更多积极变化，经济增速有望在中高速平台上阶段性企稳。

从需求层面来看，投资有望探底企稳，消费保持稳定增长，出口增速难有起色。一是投资方面，预计2016年固定资产增速将下探至7%左右，2017年后逐步企稳。综合分析土地购置、资金、销售情况，预计2016年房地产开发投资将在2015年名义增长1%的基础上继续回落至零增长，未来则在0～5%

的区间保持稳定。重化工业产能过剩将抑制制造业投资的增长，预计2016年制造业投资增速进一步降至6%左右。受财政收入增速下滑、地方债发行空间有限等因素的影响，2016年基础设施投资增速可能会降至15%左右。二是消费方面，预计传统消费稳定增长，新兴消费和升级消费的市场潜力逐步释放，消费拉动GDP增长的作用将更加凸显。三是出口方面，由于全球复苏态势不平衡、不确定，国外需求持续疲软，2016年出口形势并不乐观，预计2016年我国出口增速在零附近。

从供给层面来看，以高技术产业为代表的新动力正在取代以钢铁、煤炭等为代表的旧动力。2015年高技术产业增长超过10%，比规模以上工业快4.2%。医药、高端装备制造、新能源汽车等产业增加值均实现两位数增长。预计2016年高技术产业将继续保持快速增长态势，成为拉动经济的重要发力点。2月初，国务院发布钢铁和煤炭行业化解过剩产能的指导意见，去产能进入“凤凰涅槃、浴火重生”落实阶段。通过加快推进供给侧结构性改革，化解过剩产能、优化资源配置、培育新兴产业，实现产业结构优化升级，助力中国经济由高速增长阶段向中高速增长阶段平稳过渡。

总体而言，2016年经济运行将在总需求适度扩张和供给侧改革有效推进的交互作用下保持稳定，乐观估计本轮经济回调的阶段性底部有望在2016年出现，未来几年我国经济将呈现L型。

今后一个时期，要在保持总需求基本稳定的同时，着力推进供给侧结构性改革。在此过程中，有三个方面需要着力把握。一是“去产能”。要在保持总需求有效供给的前提下，加速化解过剩产能。采用新技术、新业态，促使供给结构调整，提高供给质量和效率。二是优化资源配置，提升全要素生产率。通过加大教育投入、精准扶贫、健康中国战略，释放劳动质量红利；通过打破刚性兑付、简化发行条件、发展多层次资本市场，实现从间接融资为主到直接融资为主的转变，降低融资成本；通过推进农村土地征收、集体经营性建设用地入市、宅基地制度改革，提升土地要素流动性；通过简政放权、加快科技转化、万众创新、发展智库，提高制度与技术对经济增长的贡献率。三是财政政策要更加主动，货币政策要更加精准。加大积极财政政策力度，在结构性减税的同时，扩大发债规模，阶段性提高赤字率；货币政策转向“精准滴灌”，滴在降准、降息的基础上，更多依靠PSL、信贷质押再贷款等结构性货币工具以及授予商业银行信贷资产证券化额度等方式，定向投放资金。

把握节奏，积极调控

中国人民大学发展中国家经济研究中心主任　彭　刚

彭刚，经济学博士，2007～2008年曾任哈佛大学肯尼迪政府学院亚洲项目特聘专职研究员，现任中国人民大学经济学院教授。主要研究领域：经济发展、世界经济、国际反贫困。主要讲授课程：发展经济学、国际经济学、项目评估学、贫困经济学。兼任中华外国经济学说研究会发展经济学分会副会长、中国人民大学发展中国家经济研究中心主任等职务。著有《中国经济发展　理论与实践研究》《国际经济学教程》《发展经济学教程》等图书，曾荣获国家教委优秀教材二等奖和北京市优秀教学成果二等奖等奖项。

在中国改革开放与经济发展的进程中，2016年必将是不平凡并打下深刻历史烙印的一年。2016年是“十三五”规划的开局之年，是全面建成小康社会取得实质性进展的一年，是中国誓言消除极端贫困，在整个世界上率先终结极端贫困的开端之年；但也是中国经济持续衰退、面临更大的不确定性和严峻挑战的一年。

党的十八大确定了在2020年全面建成小康社会的宏伟目标，而要顺利实现这一目标，“十三五”规划所确定的年增长目标为6%～6.5%，因此，只要在2016年将经济增长速度保持在这个区间，就是坚守了底线。2016年1月份的经济数据已经出炉，1月CPI同比涨幅反弹至5个月新高，预计这一反弹趋势2月份仍将延续；1月PPI同比、环比跌幅双双收窄，钢铁等部分行业产品价格止跌回升，表明供给侧改革下去产能已小有成效。2016年开局中国经济已出现暖意。

如果这个趋势可以保持，我们对中国经济的宏观发展保持谨慎乐观。

与结构转变和提质增效等长期目标相比较，根除极端贫困对于全面建设小康社会具有更为重要的意义。而中国经济要成功跨越“中等收入陷阱”，最关键的就是能否在2020年成功实现根除贫困的战略目标。在确保国民经济增长6%的基础上完成1000万人口的减贫目标，应该是2016年宏观经济目标的重中之重。循着这一思路，在目前宏观经济颓势难以逆转，通过深化改革为保证经济稳定创造条件，夯实基础，而改革的红利要最大限度的惠及民生，因此，通过减税减轻企业负担和提高国民的收入水平，应该成为2016年度深化改革的主题词。

鉴于2016年国际经济形势愈加严峻，中国所面临的外部经济环境远不乐观，中国宏观经济的持续衰退使得政策调控愈发显现出决定性的作用。2015年年底以来，美联储加息，日本央行开始实施负利率，都必然会对中国的宏观经济调控产生影响。如何面对内外挑战？在充分尊重市场经济运行规律的前提下，择机选取适宜的政策工具对宏观经济进行调整，以保证基本面的稳定以及预定宏观经济目标的实现，这将是对中国政府的最大考验。

中国经济将继续在新常态下运行

对外经济贸易大学金融研究所名誉所长、教授　邱兆祥

邱兆祥，于1941年6月出生在湖北省利川市，1965年毕业于中南财经政法大学（原湖北大学），曾先后在北京多所高校执教，现为对外经济贸易大学金融研究所名誉所长、教授、博士生导师。

邱兆祥长期致力于经济金融理论研究，勤于笔耕，除在国内报刊杂志发表400多篇论文外，还在十多家出版社出版20余部著作。20世纪80年代以来，邱兆祥活跃于我国经济金融学界，对诸如马克思货币金融理论的形成和发展、国有银行改革、发展民营银行、金融高管薪酬、反对学术腐败、构建国际金融中心、人民币区域化以及金融学科建设和金融与教育以及等理论问题发表了不少很有价值的独到见解，产生了广泛的社会影响，并且是上述多个研究领域的代表人物之一。在2011年由中国金融出版社出版的《百年中国金融思想学说史》一书中，邱兆祥因其学术成就和学术影响而作为代表人物之一入选。

2016年中国经济预期将继续在“新常态”下运行，其增长速度面临着较大的下行压力，并且很有可能继续小幅回落。这一判断基于以下几个方面的考虑：

第一，对于推动经济增长的“三驾马车”中的消费而言，预计2016年由于受经济增速放缓，股市大幅震荡，储蓄率持续居高不下，失业显性化以及社会保障尚未实现全面覆盖等因素的影响，消费信心难以提振。在城乡居

民收入增长持续减速的情况下，各类消费鼓励政策呈现出边际效应递减。因此，2016年消费总体增长速度很可能相对于2015年略有下降。

第二，由于工业企业产能过剩问题突出，库存居高难下，盈利能力持续下滑，加之资本市场风险凸显导致融资渠道收窄，制造业新增投资的积极性因而受到抑制。2016年房地产市场仍处于去库存化的通道上。从目前房地产新开工情况和未来销售预期看，房地产投资增速有可能触底，企稳尚需时日。基建投资由于2013年以来持续维持高速增长，基数规模较大，预计2016年基建投资增速会相对下降。

第三，从外部环境看，国际金融危机的深度调整尚未完毕，发达经济体2016年很可能复苏乏力，其他经济体的经济形势也少有看好，部分新兴经济体还将延续衰退局面。中国经济的外部需求仍将比较疲弱，出口形势不容乐观。同时，进口很可能由于受国内投资增速回落，国内生产配套进口需求下降，加工贸易项下进口需求减少等因素的影响而在一段时间内保持低速增长。因此，2016年净出口不可能大幅增长，并有可能延续2015年的负增长局面。

第四，2016年既是中国执行“十三五”规划的开局之年，也是推进结构性改革的开局之年。预计2016年将会进一步深化结构性改革特别是供给侧结构性改革，首先在化解钢铁、煤炭等行业严重过剩产能方面切实加大力度。预计2016年去产能化将会成为主基调。面对比较严峻的经济形势，预计2016年将会在供给侧结构性改革的框架下，在国企、财税、金融、银行、养老保险和医疗卫生体制等领域，推出一批对经济增长具有重大牵引作用的改革举措。

基于对经济形势的以上几点判断，从短期看中国经济已呈现出继续下行的态势。预计2016年外部需求、国内基建和房地产投资增速相对平淡，终端消费平稳，出口和消费对经济增长的拉动力作用减弱，全年GDP增速大约在6.5%～6.8%区间，全年通胀水平大约在1.5%，PPI有可能延续负增长。由于中国经济经历了30多年的快速发展，已具有较强的内在支撑、弹性空间和抵御风险的能力，虽然现已出现了增速明显放缓的迹象，但仍然运行在合理区间。从长期看，中国的经济还有较大的增长潜力。

多措并举“去库存”

国务院发展研究中心市场经济研究所所长　任兴洲

国务院发展研究中心市场研究所房地产研究室副主任　邵　挺

任兴洲，国务院发展研究中心市场经济研究所原所长，研究员，享受国务院特殊津贴专家，博士生导师。主要研究领域：长期从事经济政策研究，重点从事市场体系建设与市场规则建立、现代流通体系、现代服务业、现代物流业、房地产市场、住房保障制度、消费政策、期货市场与大宗商品交易、社会信用体系、价格理论与政策等方面的研究。先后发表论文若干篇，撰写和主编著作多部，主持过几十个重点课题的研究。先后主持和参与了国家“十二五”、“十三五”内贸流通规划的研究和编制。社会兼职：国家商务部内贸领域特聘专家、国家发改委服务业专家咨询委员会委员、中国市场学会副会长、中国商业经济学会副会长、中国会展经济研究会副会长、中国价格学会常务理事、中国消费者协会理事等社会职务。

邵挺，国务院发展研究中心市场经济研究所房地产研究室副主任、副研究员。复旦大学经济学院西方经济学专业硕博连读。研究领域为土地市场和制度变迁研究、房地产市场运行。主持或参与过的重要课题及重大项目：建立房地产市场健康发展长效机制（中央交办课题）、城镇化简明材料汇编（中央交办课题）、中国城镇化道路研究（中央交办课题，世行合作课题）、未来我国改革总体设想（“383”方案，中央交办课题）、未来十年增长前景（中心重大课题）、我国经济社会发展2020年目标任务研究（“十八大”背景报告）、中等收入陷阱”的国际比较研究（中央交办课题）、近中期我国经济金融风险与对策（中央交办课题）。

促需求、“去库存”是2016年全国房地产政策的总基调。“去库存”压力和难度很大，房地产开发投资增速有出现负增长的可能，经济“稳投资、稳增长”的难度加大。

2015年，房地产市场销售明显回暖的情况下，全国房地产开发投资同比仅增长1%。2016年，开发投资同比增幅很可能出现负增长，其主要依据：一是商品房“去库存”压力很大，开发企业以消化存量住房为主，新开工和土地购置意愿将进一步下降。按照2015年销售速度，消化待售房屋以及当前在建施工面积和待开发土地面积形成的潜在供应量也需要6年多时间，这样大的去库存压力必然导致新投资规模下降。二是保障性安居工程的货币化安置比例大幅提高，相应的投资增幅将回落。预计2016年全国货币化安置比例将从2015年的28%提高到40%以上，进一步压缩保障房实际投资和建设规模。因此，2016年，除一线城市和少数热点二线城市外，预计绝大多数城市的开发投资同比增幅会继续回落，全国房地产开发投资同比增幅很可能出现负增长，进而进一步拖累整个经济增长速度。考虑到房地产行业是终端需求行业，对钢材、水泥等行业具有很强的拉动作用。如果将上下游产业的间接效应加起来，产出每下降10个百分点，GDP会降低约2个百分点。

在一系列促进需求的政策作用下，商品房销售仍会延续回暖趋势，一线和热点二线城市还会出现销售较快增长的态势。部分二线和三、四线城市销售也会有所好转，但“去库存”压力仍然较大。这些城市房价将总体平稳，也不排除部分城市房价出现下降的可能性。

面对这些问题和挑战，2016年房地产政策要同时在“需求和供给侧发力”，在稳定和促进购房需求的前提下，综合施策，加快“去库存”速度。

一是实行中性适度的货币金融政策，稳定住房消费能力。住房金融条件（包括首付比例、贷款利率等）变化是引起短期市场波动的主要原因之一。2016年降准和降息的可能性较大，这对控制一线城市房价涨幅提出了挑战。建议实行中性适度的货币金融政策，在降准降息的同时，应因城施策，对一线城市的首付比例不宜下降甚至可以适度上调，以控制房价上涨幅度。在库存量较大、房价平稳甚至下降的三、四线城市，在降准降息的同时，首付比例也不宜大幅下调。在去库存时，更应注重防范可能引发的金融风险。

二是实行差异化的财税政策，加快释放农业转移人口等新市民的住房需求。农民工等新市民的对三、四线住房需求潜力很大。建议对购买城镇商品房的农业转移人口实行差异化的财税政策。

三是积极有序地推进房地产资产证券化。助推住宅以及商业和办公楼库存的消化，也有利于降低商品住宅的贷款成本，提升市场需求。建议在2015年已进行资产证券化（ABS）试点基础上，着手扩大房地产资产证券化的试点。

力求实现政策目标组合最优

华夏银行战略发展部副总经理　沈小平

沈小平，男，1962年7月生，湘籍，经济学博士，现任华夏银行战略发展部副总经理、高级经济师，曾任注册会计师（非执业）、注册证券分析师。先后任职北京市财政局、新融投资（香港）有限公司、北京市国有资产经营公司、北京证券有限责任公司、招商证券股份有限公司、华夏银行等单位。先后就读湖南财经学院（湖南大学）、财政部财政科学研究所和中央财经大学，在《人民日报》《经济学动态》等核心报刊发表论文40多篇，著有个人专著《股市调控论》。

进入新常态的2016年，中国经济一开局就面临着错综复杂的国内局面。国际上各种增长模式相继走到尽头，结构性矛盾十分突出，经济增长前景暗淡，导致全球市场动荡加剧，这些都通过汇率、投资、贸易等渠道影响到国内市场。特别是猴年春节期间2008年全球金融危机的后遗症开始暴发，定向宽松政策带来的大量隐性风险开始显现，国内经济发展不稳定性因素增多，经济下行压力加大，股市、汇市以及黄金、原油等大宗商品价格的巨幅震荡使未来中国经济走势的不确定性加大。

由于世界格局正在深刻调整，国内环境也在深刻变革，有效应对这种复杂局面所带来的挑战，对中国经济政策的制定和实施提出了更高的要求。施政目标要求既要去产能、去库存、去杠杆、降成本、补短板，也要稳增长、保就业、促创新、防风险。但正如蒙代尔“三元悖论”一样，同时实现各项政策目标最优实际上是“不可能三角”。

目前，不但要完成去产能的艰巨任务，也要缓解保就业的巨大压力，守住不发生区域性、系统性风险的底线。而在经济困难的地区和行业中，职工“脱岗不下岗”、企业“养人不用人”，降工资保就业、降就业质量保就业数量等隐性失业问题严重。在化解过剩产能过程中需要较为妥善地解决好员工的跨行业转岗和再就业等问题。呆坏账核销和处置是去产能的关键点和敏感点，需要有明确清晰的界定和处置标准。过剩产能退出的援助机制、社会兜底机制需要完善，政府在社会保障、政策兜底方面还有大量工作要做。

一方面，要去杠杆，另一方面，对局部经济领域还需要加杠杆。银行对产能严重过剩行业未能取得合法手续的新增产能建设项目一律不得授信，特别是很多长期亏损、失去清偿能力和市场竞争力的“僵尸企业”或环保、安全生产不达标且整改无望的企业必须停贷，强制其破产清算。对战略性新兴产业、高新技术产业、重大技术装备、新能源汽车等一些战略新兴领域和“中国制造2025”、工业强基工程等要确保信贷资金的大力支持。

既要去产能，也要稳增长，为此需要兼顾供给侧结构性改革与总需求管理，在二者之间保持动态平衡。改革以GDP增长速度为主要评判标准的政绩考核体系，提高地方政府去产能的积极性。同时要保障必要的经济增速，特别是应抓住建设制造业强国、加强国际产能合作的有利时机，运用有限财政资金带动社会资本，实施一批重大工程、攻关一批重点技术、拓展一片海外市场。一旦出现经济恶化、就业失稳或金融危机，必须果断实施“降息降准”等强有力的货币政策和更多的财政政策，灵活运用各种工具组合，顶住经济下滑，确保经济增长不超出合理区间。

不但要充分发挥市场机制的作用，同时，也需大力维护股市、汇市等金融市场的稳定。在化解过剩产能过程中，要更加注重运用市场机制、经济手段和法治办法，完善企业退出机制，推进结构调整取得实质性进展。由于中国经济已经与世界经济深度融合，全球经济金融风险的传染性与新常态下中国经济的脆弱性并存，政府既要做好资源配置，也要优化风险配置，特别是在市场失灵时，政府要主动回应舆论关切，明确政策目标预期，树立市场信心，维护市场稳定。

总之，政府需要做好各项政策措施的配套协调，在多个政策目标的博弈和动态变化中寻找均衡点，从而实现政策目标组合的效用最大化，这是圆满完成2016年的中国经济发展目标任务的关键。

加大各方面改革力度促经济增长

吉林财经大学校长　宋冬林

宋冬林，辽宁庄河人，教授，博士，吉林大学博士生导师。历任吉林大学商学院副院长、经济学院院长，现任吉林财经大学校长。主要研究领域为社会主义市场经济理论，多次赴美国、俄罗斯、日本、德国、澳大利亚等国家讲学和进行合作研究。

在《中国社会科学》（中文·英文版）、《经济研究》《求是》《管理世界》《中国工业经济》《人民日报》《光明日报》等国家级学术报刊杂志上发表论文100余篇，学术成果获第五届张培刚发展经济学优秀成果奖、中国高校人文科学研究优秀成果奖二、三等奖等诸多奖项。主持完成了教育部“九五”人文社会科学重大课题《老工业基地国有大中型企业配套改革与难点对策研究》、教育部哲学社会科学研究首批重大课题攻关项目《东北老工业基地资源型城市发展接续产业问题研究》、国家社科基金重点项目《资源枯竭型地区经济转型政策研究》等课题和研究项目。是国务院特殊津贴获得者，国家哲学社会科学研究“九五”、“十五”、“十一五”、“十二五”规划应用经济学学科规划小组成员，国家自然科学基金评审专家，国家博士后流动站评审专家，首届国家社科基金项目优秀成果奖评审专家，教育部高等学校经济学专业教学指导委员会委员，吉林省资深高级专家，教育部“跨世纪优秀人才”，中国商业经济学会副会长，中国经济规律研究会副会长，吉林省社科联副主席。

对中国经济2016年基本走势的看法持谨慎乐观，其主要依据如下：

一是从外部环境看，经济增长的外部环境仍然偏紧，美欧、日等主要经济体经济状况虽有复苏迹象，但经济向好的基础依然十分脆弱，能够带动整个经济持续增长的技术创新和产业革命性变化尚未见到，发达经济体人口增长缓慢，需求拉动力不足，经济结构调整乏力，供给驱动力有限，造成2008年金融危机的制度性因素未见根本性改革，新兴经济体产业结构调整步履艰难，加之现行不合理的贸易体系、金融体系和国际分配关系对发展中国家的抑制作用，等等，世界经济在2016年即便有小幅反弹也难有大的起色。我国经济的对外依存度较高，外部经济的景气程度直接影响我国的对外贸易和经济增长速度，因此，外需拉动对我国经济增长的作用有限 。

二是从国内情况看，尽管供给侧改革加速了产业结构调整，但是，产业结构调整需要时间。商事制度改革无疑会促进全民创业和民营经济发展，而政策落地和发挥实质性影响也需要时间。更为重要的是要理顺现行的金融体系和要素价格体系，建设和完善市场经济的基础设施，加大改革开放力度，深化国有企业改革，消减地方债务，提振投资者信心，放开二胎引致的消费增长，等等，同样需要时间。

基于上述依据，我国经济在2016年上半年特别是第一季度难有较大的增长幅度，后期伴随着改革红利的逐渐释放，经济或许会有较快增长。

应当说，我国经济在2016年面临国内外诸多的挑战和不确定性，同时也存在发展的机遇。问题的关键不在于挑战有多少、困难有多大，形势有多严峻，而在于增强信心和保持战略定力，抓好政策落地，精准发力，扎实做好自身工作。

具体说来，一是要加大和保持必要的投资增速，同时适度调整投资方向，补齐短板；二是要继续加大改革开放力度，提高资源配置效率，深化国有企业改革，稳妥推进混合所有制改革，商事制度改革要切实落地，最大限度地改善创新创业环境；三是要通过制度创新红利增强投资者信心和增长预期；四是切实降低税费负担，改善企业生产经营环境，加快僵尸企业退出，提高微观资源配置效率；五是加大科技创新改革力度，鼓励科技成果转化；六是优化对外投资和贸易结构，通过海外并购加大核心技术引进和合作力度。

市场活力释放促经济向好

中国人民大学环境学院环境经济与管理系教授　宋国君

宋国君，男，1962年9月生，经济学博士，中国人民大学环境学院环境经济与管理系教授，博士生导师，中国人民大学环境政策与环境规划研究所所长。讲授本科生《环境政策》和《环境规划方法》，研究生《环境政策与管理》《高级环境政策分析》，博士生《环境政策设计与评估》等课程。

主要学术成果，发表学术论文170多篇。主要著作：环境规划与管理（2015）；环境政策分析（2008）；中国城市能源效率评估研究（2013）；中国淮河流域水环境政策评估（2007）；排污权交易（2004）等。

我对2016年的经济形势的态度是谨慎乐观。其原因如下：如果国企改革、事业单位等改革取得进展，市场活力得以释放，则中国经济发展是乐观的。

国企改革，目标是要国企退出竞争性领域，已有的竞争性领域的业务分离、拍卖。限制国企在竞争性领域的投资。其次，在一些自然垄断领域，严谨和积极推进市场化，在可控的前提下，积极推进。现在，这些领域太低效了。例如，自来水公司、环卫系统、园林绿化、城市市政基础设施管理等领域。如果国企能够瘦身，按照人数，一半，市场活力释放将是数倍。

事业单位，涉及全部领域，现在每个部到每个县政府的部门都有无数的事业机构，这些机构政企部分，即有权利又有利益。严重制约了中国的科研事业、社会服务业的发展。这些机构分散，安排了无数的各级别的官员，吃财政，还申请项目赚钱。垄断了多数的咨询项目，咨询水平很低。希望尽快改革。改革的方向是除转为企业的外，已有的事业机构全部合并到政府序列，不能设置这么多独立的法人机构。

对于高校、医院、学校事业机构，因体量巨大，本建议不涉及。

我国经济增长前景仍然比较乐观

中国社会科学院世界经济与政治研究所国际贸易研究室主任　宋　泓

宋泓，中国社会科学院世界经济与政治研究所所长助理，研究员（二级），中国社会科学院研究生院教授，博士生导师（世界经济专业）；主要从事外国直接投资、跨国公司和国际贸易等方面的研究，在《经济研究》《管理世界》《改革》《世界经济》《国际经济评论》《世界经济与政治》《国际贸易》等专业学术期刊上发表学术论文60多篇，主编专著4部；主持国家自然科学基金、商务部、外交部以及地方、国际合作项目多项；赴美国、英国、日本、俄罗斯等几十个国家进行学术会议及国际经济政策研究交流。2008年为中共中央第17届政治局第9次集体学习授课；2009年“新世纪百千万人才工程”国家级人选；2012年国务院特殊津贴获得者。

我对中国经济增长前景持乐观态度，原因有以下三个方面：

第一，中国经济仍然处在中高速增长阶段。按照购买力平价计算，“十三五”期间，我国的人均收入将处在10000～20000美元区间。在这个阶段，整个经济增长将展现出经济增长中高速（6%～7%）、结构调整快速推进，以及自主能力增强的特征。因此，2016年我国经济增长前景仍然比较乐观。

第二，国际经济下行尤其是国际贸易下行的压力仍然很大。自2012年以来，国际贸易的增长速度均低于世界GDP增长的速度，为多年所罕见，甚至还出现了2015年的负增长情形。作为世界最大的货物贸易国家，我国经济将因此受到影响。但总体上，我国国际贸易的表现仍然要好于世界总体，贸易份额仍在上升。

第三，加大服务业的改革以及结构调整的力度。在结构调整方面，我们需要加大医疗、教育、金融服务以及电商、物流等方面的改革力度，同时，促进高端制造业的发展。

用全面改革为中国经济开局

北京大学经济研究所常务副所长　苏　剑

苏剑，1966年4月出生，美国布兰戴斯大学（Brandeis University）国际经济学与金融学博士。现任北京大学经济学院教授、博士生导师，兼任北京大学外国经济学说研究中心主任、北京大学经济研究所常务副所长，北京市新世纪人文社科理论“百人工程”学者。主要学术贡献：①对经济分析的供给侧研究方面在国内领先。②推动了中国人口政策的调整。③在需求管理方面，引入了创新支持政策。④就本次美国金融危机的成因、发达经济的新常态以及世界发达经济的前景有独到的见解，指出至少今后10年内世界经济将处于实体经济半死不活、虚拟经济剧烈波动的状态。⑤较早就中国经济的“新常态”进行了深入的研究，并对新常态下的中国宏观调控方式进行了探讨。

2016年的世界经济将是波澜壮阔的一年。从年初到现在，国际金融市场波涛汹涌，大起大落，从亚洲、欧洲、美洲、非洲到大洋洲，从股票、外汇、期货、黄金到石油以及其他大宗商品，没有一个市场能够独善其身，真可谓“四海翻腾云水怒，五洲震荡风雷激”。

实体经济方面，也出现了严重的分化，欧洲、日本经济步履维艰，相继采取了负利率政策。美国经济看似好转，并于2015年底加息，但长达7年多的0利率刺激出来的增长显然质量很差，美国经济“虚胖”严重，加息不仅挫伤了美国经济自身，也把整个世界经济搅得天翻地覆。新兴市场国家形势更加严峻。展望全年，可以说，整个世界经济危机四伏，前景堪忧。

处于这样的世界经济大局中，中国经济也正在经受着严峻的考验。需求一边，消费难见起色，投资更显颓势，房地产去库存压力巨大，部分地方政府官员的懒政行为又导致财政政策传导渠道中断，从而压低基建投资增长率，制造业产能过剩严重导致制造业投资不振。世界经济形势越来越恶劣的情况下，出口形势继续恶化。供给一边，油价继续下跌，改革效果显现两个因素将导致企业的生产成本下降，但工资又会上涨，总体来说供给侧将是中性稍偏扩张的局面。因此，总体上说，2016年的中国经济将面临“需求大幅萎缩、供给略显扩张、调控有心无力”的局面。

中国经济前路受阻，后路已断。往前看，目前中国的产业结构已经无法持续，低端产业严重过剩，高端产业供给不足。中国经济需要突破目前的产业结构瓶颈。为此，供给侧改革被提上议事日程，希望能以供给侧改革扩大有效供给并实现结构升级。但改革也罢，产业升级也罢，都是困难重重，很难找到突破口。往后看，随着我国劳动力成本和资源成本的上升，我国的低成本优势不再，一批落后国家挟低成本优势挤压着我们的生存空间，步步紧逼，攻势凌厉。

中国经济内部又问题不断。房地产泡沫、地方政府债务问题、股市剧烈波动、人民币汇率问题、去产能可能导致的失业问题，都给中国经济增添了大量风险因素。当所有这些都需要改革来破局的时候，改革却只闻其声，不见其影。老百姓对改革的期待、热情和信心在迅速消散，进一步恶化了预期，加剧了经济形势的恶化，同时也加大了宏观调控的难度。

面对这样复杂的国际国内经济形势，中国政府应该把防风险作为宏观调控的第一目标。2016年世界各国经济形势都不乐观，谁手里那本经都不好念，宏观调控难度很大，一帮难兄难弟大眼瞪小眼。在此情况下，只要能保住经济不出现系统性风险，就已经是成功了。稳增长可放在第二位。而宏观调控的主要方式则是大刀阔斧，同时从供给侧、需求侧进行全面改革，破除抑制市场机制发挥作用的各种障碍，为中国经济注入新的活力。不要只想着供给侧改革，别忘了，需求侧同样需要改革。

稳中求进实现全面小康目标

求是杂志社经济部副研究员　孙　剑

孙剑，男，1976年6月生，山西朔州人。2001年毕业于山西财经大学，获硕士学位，之后进入国务院体改办经济体制与管理研究所工作，从事经济体制与石油天然气行业监管研究。2005年至2008年就读于中国人民大学经济学院，获博士学位。2009年至2011年在中央编译局博士后工作站进行中国经济发展模式研究，任副研究员。出站后进入求是杂志社经济编辑部工作，任副编审。主要从事经济体制改革和经济发展研究，在学术期刊及报纸陆续发表论文和评论50余篇。

2016年，受世界经济复苏缓慢影响，中国出口形势依然严峻，将延续2015年以来的增长趋势，在负增长和低增长区间徘徊，很难发生大的逆转，净出口对经济增长的贡献相应处于-1%～1%之间。投资需求受国内产能过剩及去库存影响，民间投资对全社会固定资产投资的贡献有限，投资增长主要依靠国有投资，全年投资增速预计维持在10%左右。其中，房地产投资受库存压力限制，大约维持2%～3%的低速增长，房地产业曾经作为国民经济支柱产业的地位削弱。投资需求对经济增长的贡献约为40%。消费需求基本属于刚性需求，将在2015年的基础上稳步增长，全年保持10%以上的增速，消费需求对经济增长的贡献较投资需求进一步增强，将会超过60%。整体上看，2016年的经济增长预计在6.5%～6.8%之间。

中高速的经济增长虽然处于预期之内，但要实现全面建成小康社会的目标，我们仍然面临相当大的稳增长压力。按照2015年中央经济工作会议精神，全国各地各行业围绕去产能、去库存、去杠杆、降成本、补短板五项任务将有一系列新的举措支持供给侧结构性改革。

装备制造业及相关产业借助“一带一路”战略，会将部分过剩产能转移到沿线国家，确保总体产出水平不会下降。而一些落后产能在国家严格的环保政策下，将不得不退出市场。一些高科技产业在大众创业、万众创新政策的带动下，获得更好的发展机遇，但要形成未来的主导产业，仍需时日。电子商务由于其成本低的优势，得到越来越多消费者的青睐，增长依然强劲，传统商业模式受到严峻挑战，转型势在必然。

为实现稳中求进的目标，一系列稳增长、调结构的改革政策会逐步落地。政府职能转变加快，市场化改革向纵深发展，投资环境进一步优化，民营资本的发展空间更为广阔。城镇化进程加快，农村居民进入中小城市落户更为便利，三、四线城市商品房库存有望得到缓解。国家的宏观调控政策会随着经济走势适时做出调整，货币政策继续保持宽松，存贷款利率依然具有下调空间，企业融资成本进一步降低，人民币汇率稳中有降。财政政策有望实现结构性减税和降低社会保险费率，企业负担减轻，财政对基础设施的投资力度继续加大，补齐基础设施短板，财政支出用于民生的比重提高，扶贫力度将会加大，贫困人口持续减少，社会保障受惠人群扩大。产业政策更为严格，限制类落后产能会被逐渐淘汰，传统产业面临严峻的转型发展压力，技术含量低的出口导向型企业前景不容乐观，对高科技产业的税收优惠和补贴会持续加大，产业结构进一步优化，初步实现要素驱动向创新驱动转变。

2016年中国经济不会出现“硬着陆”

北京师范大学政府管理研究院院长、教授　唐任伍

唐任伍，男，经济学博士。中共党员。教授，博士生导师。国务院特殊津贴获得者。现为北京师范大学二级教授，政府管理研究院院长、北京师范大学学位委员会委员、管理学分会主席。曾先后担任北京师范大学经济学院副院长、管理学院院长、政府管理学院院长、北京师范大学珠海分校管理学院院长、北京邮电大学文法经济学院院长（兼任）等职。全国公共管理类专业教学指导委员会副主任委员、全国MPA教育指导委员会委员，中国经济思想史学会会长、中国企业管理研究会常务副理事长、北京市政治学与行政管理学会副会长、中国企业文化研究会常务理事、马克思主义理论研究和建设工程管理思想史首席专家，《改革》杂志、《北京师范大学学报》《首都经贸大学学报》等多家学术刊物编委，多所大学兼职教授。其他社会兼职10多项。承担过国家和省部级以上课题数十项，获得北京市、国家教育部、国家发展和改革委员会、文化部、人力资源与社会保障部等颁发的各类优秀成果奖20余项。2013年被人民日报社评选为当年度十大思想人物。

2016年注定是中国不平凡的一年，它不仅是中国“十三五”的开局之年，更是中国到2020年全面建成小康、全面消除贫困的关键性一年。2016年中国经济的发展好坏和结构性改革的成败，直接关系到“十三五”规划的实施和全面建成小康伟大目标的实现。

2016年世界经济总体上仍然处于低迷萧条状态，石油和其他资源性资产

价格将会持续疲软，中国、印度和伊朗等新兴经济体仍然是世界经济增长的引擎和压舱石。面对世界经济普遍低迷的严峻环境和国内深层次矛盾凸显、产能严重过剩的现实，过度依赖“投资”和“出口”两架马车保持2016年经济持续中高速增长缺乏后劲，而2016年中国经济要回升企稳，有所作为，关键要充分发挥“改革、开放和国际合作”三股合力的作用，扶植“创新驱动”和“消费拉动”，加快推进供给侧结构性改革。

改革创新是2016年中国经济保持中高速增长的第一大动力源。尽管到2015年底中国经济体制改革取得了长足进步，简政放权改革成效显著，进一步取消和下放了139项行政审批事项，非行政许可审批全部终结，PPP项目库已经建立，但我国的改革潜力巨大，简政放权还有很大的空间，国有企业改革还任重道远，社会资本还没有得到充分利用，蕴藏在人们心中的积极性和创造性还没有得到充分发挥，很多富有经济增长潜力的空间仍然受到某些意识形态、传统观念的作茧自缚不能有效得到释放，“大众创业，万众创新”的“双创”只停留在口头和文字上没能变成现实。

我是一个“2016中国经济发展”的谨慎乐观者。这种乐观来自于我对2016年深化改革正能量的判断。财税体制的“营改增”改革，企业税负获得减轻，企业能够轻装上阵，活力提升；行政体制改革得到进一步深化，简政放权将会更彻底；新业态、新商业模式有新的发展，互联网+营商环境有新的改善和优化；去产能、去库存、去杠杆、降成本、补短板的供给侧结构性改革有新的动作，消费拉动这一2016年经济增长的关键环节得到疏通，潜在风险得到化解，内生动力得到增强，经济发展质量和效益得到提升；阻碍经济增长的陈旧观念、“左”的意识形态等“肠梗阻”逐渐清淤，创新的活力得到加强。2016年将是中国经济发展战略机遇期上承前启后的关键性一年。

“改革”这盘棋下好了，企业活力增强了，内生动力释放了，供给侧结构改革成功了，供给体系更好适应需求结构变化，生产领域优质供给加强了，无效供给减少了，有效供给扩大了，老百姓不再到境外去抢购奶粉、马桶盖和尿不湿了，2016年的经济增长就会保持7%～7.2%的中高速增长，CPI保持在4%以下，财政赤字和政府债务余额处于安全线内，中国经济不会出现“硬着陆”，中国也不会陷入“中等收收入陷阱”。

以改革的新突破推进供给侧结构性改革

中国城镇化促进会副会长　王　彤

王彤，男，牛津大学博士后，北京大学和中国政法大学研究员，现任中国绿色能源发展基金管理委员会主席，中国城镇化促进会副会长，国家治理协同创新中心执行主任，《中国战略参考》杂志出品人。长期从事国家宏观经济政策和国家治理研究，主持多个国家级重大经济课题研究，致力于中国绿色经济发展，国家新型战略智库专家，多次得到中共中央习近平总书记亲切接见，在支持企业节能环保和新能源领域发展成就斐然，扶持多家能源环保科技企业上市，同时也是国内多个城市的经济发展顾问。

2016年1月18日，习近平总书记在中央党校省部班讲话中指出："供给侧结构性改革，重点是解放和发展社会生产力，用改革的办法推进结构调整，减少无效和低端供给，扩大有效和中高端供给，增强供给结构对需求变化的适应性和灵活性，提高全要素生产力。"

2016年是"十三五"的开局之年，也是推进供给侧结构性改革的攻坚之年，顺利推进供给侧结构性改革，必须依靠改革的全面深化和新突破来作保证，在一定意义上讲，供给侧结构性改革本身就是一个改革难啃的"硬骨头"，需要我们下大力气，义无反顾地把改革向深层次推进。

推进供给侧结构性改革是问题倒逼，势所必然，是绕不过去的一个历史关口，是经济发展一系列不稳定、不协调、不持续的痛点所在，这项改革拖不得，等不起，必须加快步伐，攻坚克难，抓紧推进。

供给侧结构性改革要涉及必须进行调整的各类扭曲的政策和制度安排，要求我们必须破除长期积累的诸多结构性、体制性、素质性的突出矛盾和问题，当前，影响我国健康发展问题固然仍有总量方面，但非常明显的是更多地表现在结构方面主要是供给方面，突出表现为供给创新不足。随着我国经济发展进入新常态，经济发展面临速度换挡节点，动力转换节点，而我们的供给体制还未能适应需求的重大变化而及时做出调整，出现了供给与需求比较严重的不协调，不匹配，业已成为经济持续健康发展的“拦路虎”。

供给侧结构性改革不是做简单的加减法，我们讲的供给侧结构性改革，是既强调供给，又关注需求，既突出发展社会生产力又要注重完善生产关系，还要把解决即期难题和远期发展结合起来。必须看到，我们现在在经济领域许多久攻不克或成效不显的难题和毛病病根都是体制问题，推进供给侧结构性改革势必要触及深层次的社会关系和利益调整，十分复杂，是要对过去在城乡二元结构体制下形成的许多传统做法和传统观念动大手术，必须以壮士断腕般的决心和勇气全面深化改革，务必使多项改革取得重大突破。解放和发展生产力的核心说到底就是要解除供给抑制，要通过深化改革解决和解除在劳动、土地、金融等各种资源的不合理的人为限制，必须尽快推出包括土地制度、财税体制、金融体制、医疗保险教育等体制改革在内的一大批具有重大牵引作用的配套改革举措，并以多个重要领域和关键环节为突破口，实现供给侧结构性改革的整体推进。

2016年中国经济可以保持在合理区间内增长

中国人民大学重阳金融研究院执行院长　王　文

王文，中国人民大学重阳金融研究院（人大重阳）执行院长。主要社会兼职有：中国金融学会绿色金融专业委员会常务理事兼秘书长，中国社会科学院世界社会主义研究中心常务理事，江西财经大学、首都经贸大学等多所高校客座教授，新华社特约分析师，环球时报公益基金会理事，新浪财经、观察者网专栏作家。

王文先后就读于兰州大学、香港浸会大学、南京大学－约翰斯•霍普金斯大学、北京大学。曾任《环球时报》编委（主管评论）和社评起草人，2011年“中国新闻奖”获得者，先后在美国、日本、欧洲、伊朗、土耳其等数十个国家工作或访学，采访过上百位各国政要名流，在《求是》《人民日报》等报刊发表各类文章300多篇，专著、合著、翻译、主编的著作包括《大国的幻象》《十问中国梦》《世界治理：一种观念史的研究》《政治思想中的国际关系学》《真话中国》《金融是杯下午茶》《G20与全球治理》等20余本。

2013年初，王文离开媒体界，参与创办新型智库人大重阳。仅三年时间，人大重阳连续两年入围由美国宾州大学推出的、国际公认度最高的《全球智库报告》“全球顶级智库150强”（仅有七家中国智库连续入围）。2014年，王文被评为“中国十大智库人物”（中国网），2015年获中国政府网“杰出作品奖”。

2016年，全球经济仍将处于动荡之中，并有可能进入一个比较严峻的萧条时期，中国经济所处的整体环境不容乐观。2015年全年国内生产总值

676708亿元，按可比价格计算，同比增长6.9%，这是自1990年以来中国全年GDP增速首次跌破7.0%。很多人会问中国经济是不是进入6时代了？然而，我们发现，中国近几年一直在坚持改革和结构调整，GDP的每一方面都在朝着更高质量的方向发展。未来，依靠“创新、协调、绿色、开放、共享”这五个关键理念，中国经济将形成一种中高端产业和中高速发展的双中高模式。2016年，我们可以预见：

创新发展成为主旋律。创新发展覆盖新动力、新空间、创新驱动发展战略、农业、产业新体系、新体制和宏观调控方式等方面。2016年我们面临着一些巨大挑战，比如传统的产业产能过剩问题的积聚、企业盈利能力下降、市场信心不足等，在此背景下，只有靠创新来增强中国经济的内生力量，转换推动经济增长的动力，实现结构优化，从而保障经济健康发展。

国家级城市群和实验区将会不断出现。2016年将是“一带一路”建设大规模推进的一年，同时也是京津冀一体化快速发展的一年，长江经济带的发展也将给中西部地区的城镇化发展带来更多机遇和政策利好，一批国家级城市群和实验区将会相继出现。

资本和贸易的双向开放步伐加快。2016年，中国参与的国际金融平台将会开始发力，比如亚洲基础设施投资银行、金砖国家新开发银行和丝路基金等，同时，亚太自贸区建设也会得到进一步推进。“一带一路”倡议被提出两年多来，已经具备了较为完善的理论基础和交流机制，将会在2016年为推动国家双向开放发挥重大作用。

经济发展会披上绿色大衣。2015年生态文明领域的文件紧密出台，比如，《十三五规划建议》中提及“加快建设主体功能区，发挥主体功能区作为国土空间开发保护基础制度的作用;建立健全用能权、用水权、排污权、碳排放权初始分配制度;实行省以下环保机构监测监察执法垂直管理制度”等。发展绿色金融也被写入十三五规划中。当然，生态文明建设非一日之功，2016年，生态文明建设将迈出从文件走向现实的一大步。

2016年，中国经济已经进入内忧外患时期，但是，在大众创业万众创新的氛围下，中国经济增长的内生性动能充足，现代服务业、高科技产业等产业将会成为新的投资和增长点，“互联网+”和物联网技术的发展与应用也将成为网络经济发展的重点，互联网和实体经济发展融合将会更加紧密。因此，2016年中国经济增长将保持在合理区间。

加大结构性改革力度促进新旧动能转换

国家行政学院决策咨询部研究员　王小广

王小广，籍贯安徽。1995年于中国社会科学院研究生院获经济学博士学位，同年就职于国家计委（现国家发展和改革委员会）经济研究所；1997年晋升为副研究员，2003年晋升为研究员，2001～2007年为该所经济形势研究室主任，自2000年以来一直担任国家发改委宏观经济研究院重点课题《宏观经济形势跟踪、预测和对策》主持人，还主持和参与过十多项其他部委委托和地方规划课题；2009年调入国家行政学院决策咨询部，现任国家行政学院决策咨询部副主任、研究员、博士生导师。

2016年经济发展仍面临较大的下行压力，同时一些领域的风险也会加快释放，经济运行的困难和挑战将继续加大。一方面，全球经济仍难以摆脱深度调整压力，复苏乏力，不确定性增多，使我国的外需不足局面将继续一段时间；另一方面，国内经济下行压力较大，且一些领域风险隐患在增加，对经济运行产生新的压力。经济下行压力主要表现为三个没有调整到位：一是房地产调整远未到位。二是投资调整没有到位。三是工业调整也没有到位。综合分析，我们预计2016年的经济增速仍有所下降，预计降至6.7%左右，其中投资、工业将会继续惯性下滑，特别是房地产市场的内在动力不足，可能会重拾跌势，对经济运行产生更大的压力。

但我国经济长期向好的基本面没有变，必须坚持做好对稳增长、调结构、促改革、惠民生、防风险的综合平衡，2016年要按照“十三五”规划的部署，更加注重培育新动能，平稳渡过高风险的新旧动能转换期，实现新动能驱动的新增长，使发展进入新境界。重在加大结构改革力度，所谓结构性改革就是结构调整+深化改革，加快结构改革要靠改革，改革和结构调整将促进新旧动能转换，培育出新的增长动力。

一是适当加大稳增长政策力度的同时，坚持以调结构为重心，下决心解决传统重点行业去产能、去过剩问题，促进国民经济在稳增长中加快转型升级。

二是把政府改革和关键经济领域改革引向深入，从根本上理顺政府与市场的关系，全面激发市场活力。要继续深化“放管服”结合的系统性政府改革，最大化的减少政府对微观经济的直接干预，为各类市场主体创造宽松的宏观发展环境，同时，要着力加大供给侧如国有企业、财政税收体制、金融体制和户籍制度等改革。

三是以全球的眼光和大开放的思维，解决我国的产业结构和产能过剩问题，在显著提高国际化水平中培育我国经济的新优势。要以新的更高层次的开放倒逼产业升级，倒逼国内改革，加快产业结构调整的步伐，让我们的企业在国际竞争中锻炼自己，壮大自己，实现产业在更高层次上追赶目标，乃至超越。继续加快我国优势产业走出去、广泛开展国际产能合作，从全球的视野解决我国的产业升级和化解产能过剩问题。

四是千方百计鼓励“双创”，努力促进经济发展方式从过度依赖自然资源向主要依靠人力资本转变。每年新毕业大学生有700多万人，累积十多年，我们便新增上亿的高素质人力资本，这是中国未来发展的特大“金矿”，我们的核心任务就是要通过政府职能改革、宏观调控创新和宏微观经济体制改革，将这座“金山宝库”变为新的生产力，变成高质量高效益的经济发展。只有提高了人力资源的生产力，才能减弱对资源的依赖和对环境的破坏，“双创”发展将会带来发展方式的根本转变。

五是高度重视防范和化解改革和结构调整中的各类风险，避免出现系统性和区域性经济风险。

六是花更多的财力和精力，按协调、绿色、共享的理念，补齐各种短板，提高经济发展的公平性、协调性和可持续性。

中国经济亟须结构调整

中国经济改革研究基金会国民经济研究所副所长　王小鲁

王小鲁，中国改革基金会国民经济研究所副所长、研究员，经济学博士。1980年代曾任《中国社会科学》杂志编辑，国家体改委中国经济体制改革研究所期刊主编、发展研究室主任。90年代起曾任多所国际研究机构和大学的研究员和访问教授。多年来研究改革与发展问题，近十余年主要从事经济增长、收入分配等方面研究。发表中、英文学术论文逾百篇，两度获孙冶方经济科学奖，获澳大利亚国立大学杰出博士论文奖、首届中国软科学奖。数次被全国性期刊评为对中国经济和公共事务有重要影响的年度人物。

未来要继续保持经济发展动力，必须进行多方面的体制改革和政策调整，尽快纠正结构失衡，使经济回到健康发展的轨道。其中，消费需求不足和过度储蓄、过度投资已经成为制约经济增长的关键问题。“十三五”时期将是一个关键的发展转型、动力转换时期。

在这个时期，我国经济要从高储蓄、高投资、低消费模式转向投资消费均衡发展的模式；从过去的单一依赖投资需求拉动增长，转向投资需求和消费需求平衡带动经济增长；从粗放的大量耗费能源资源的投入驱动型增长模式转向效率优先、资源配置优化、以公平竞争和科技创新为动力的增长模式。这个转型能否成功，将决定我国能否顺利向高收入国家过渡，还是将陷入中等收入陷阱。

为此，需要考虑如下政策调整和体制改革。

第一，调整宏观经济政策。未来一个时期必须忍受较低的增长率，全力推进改革和结构调整，改善收入分配，启动国内消费需求，才能为更长期的经济增长打好基础。货币政策应尽快恢复中性稳健，财政政策除了继续支持必要和有效的基础设施投资、保障房建设、棚户区改造、环境保护投资外，应将重点转向公共服务和人力资本投资，尽快实现社会保障全覆盖，降低企业的社保缴费费率，扩大对小微企业的减税政策，以减轻企业负担，焕发市场活力。

第二，转变政府职能，促进发展方式转变。政府管理需要改革，产业投资的功能需要回归市场，财政体制也需要相应改革。

第三，尽快实现社会保障全覆盖，加快公共服务均等化。

第四，普遍减轻企业税费负担。小微企业和个体经营者劳动密集度高，承担了我国超过半数的非农就业，其良性发展对就业至关重要。

第五，维护公平市场竞争、鼓励创新。我国并不缺乏企业家创新精神和科技人才的创新能力，关键在于有没有保护技术创新的法治环境和市场环境，有没有有利于创新的教育和科研体制。这方面环境改善了，体制理顺了，创新就有了动力，经济发展和生产率提高就有了保证。

总之，2016年需要政府转型，从强力干预资源配置的政府转向服务型和廉洁高效的政府。宏观政策需要转型，从过度使用扩张性刺激性手段的宏观政策转向维护结构平衡、保障经济长期协调发展的宏观政策。产业政策需要转型，从限制性和特惠性政策转向普惠性、维护公平竞争和效率优先的政策。社会需要转型，从收入差距过大，公共服务和保障不足的社会转向收入分配合理，基本公共服务和社会保障健全、社会关系和谐的社会。财政、税收、司法、教育、科研等多方面的体制需要转型，从不适应市场公平竞争、不适应公平协调发展、不适应科技创新的体制，转向与充满活力的市场经济相协调，同时保证社会公平、科技进步、创新发展的体制。

2016年制造业将承压下行

国务院发展研究中心产业经济研究部第一研究室主任、研究员　王晓明

王晓明，男，国务院发展研究中心产业经济研究部第一研究室主任，研究员。1972年出生于黑龙江省哈尔滨市。1995年获得黑龙江大学化学专业学士学位，2000年获得清华大学MBA学位，2010年获得中国人民大学经济学博士学位。2000～2006年先后在国务院发展研究中心信息中心和办公厅工作，主要从事交通、环保、医疗、住房等公共领域的研究。2006年开始在国务院发展研究中心产业经济研究部工作，主要从事制造业、能源、交通、城市化等领域的研究工作。2009年主要研究传统产业转型升级、战略型新兴产业发展、区域产业发展。2013年开始研究第三次工业革命对传统产业的影响、中国制造强国战略、中国能源发展战略。2015年重点研究工业互联网与智能制造，能源互联网与能源革命、智能网联汽车与智能交通。

2016年，经济下行、房地产去库存、重化工业去产能、国内外需求不足等问题将导致我国工业增速进一步放缓，制造业结构调整的压力巨大。但随着"一带一路"、"中国制造2025"、"互联网+"行动计划等战略的加快推进，我国制造业将出现行业、业态、区域和增长动力分化发展的态势，具体表现在以下四个方面：

一是高技术产业和高端装备制造业加速发展。随着《中国制造2025》等

战略实施，高铁、大飞机、核电装备将重塑我国装备制造业的比较优势，新能源汽车、新一代信息技术、新材料将取得突破性发展；而钢铁、水泥、电解铝、平板玻璃等原材料工业仍存在严重产能过剩，化解产能过剩仍然是这些行业的重点任务。

二是新业态、新模式加速产生。以移动互联网、大数据、云计算等为代表的新一代信息技术发展迅速，互联网与制造业融合将深入推进。计算机、通信和其他电子设备制造业继续享受“信息化”红利，软件和信息技术服务业将加快发展，各种面向制造业的信息服务平台将大量涌现。

三是区域制造业发展进一步分化。以重化工业和传统产业为主的东北地区制造业仍然处于下行通道；新兴产业和高技术产业比重较大、产业结构经过前期调整的东北沿海地区和中西部部分省区，制造业应对经济下行压力的能力较强，2016年将保持平稳发展。

四是增长动力转换加速。市场主体活力强、创新创业动力强、金融和科技基础强的地区，如深圳、杭州、重庆等地的制造业发展形势明显好于其他地区。

2016年，制造业承压下行仍然是主要趋势，在行业、业态、区域和增长动力分化的发展态势下如何消化过剩产能，加快结构调整，推动制造业转型升级是“十三五”开局之年的主要任务。建议政策的着力点聚焦在处置过剩产能、改善企业效益、促进新兴产业发展等三方面，在稳定工业保持合理增速的同时，加快推进制造业转型升级。

一是加大过剩产能的清理力度。明确产能削减目标，出台人员安置、资产处置、破产重整等具体措施，妥善安置下岗分流人员，安排专项财政资金支付产能淘汰过程中涉及劳动经济补偿金、社保、工资拖欠等费用，支持下岗待业职工参加技能培训。

二是降低中小企业运营成本。扩大享受减半征收企业所得税优惠的制造业企业范围，免征部分行政事业性收费；适当降低失业保险和住房公积金缴费比例，加大对企业的职业培训补贴力度；提高中小企业信用贷款风险补偿比例，降低企业用气、用电价格；取消不必要、不合理的收费，降低企业缴费负担。

三是促进新兴产业有序发展。在高端装备制造、新一代网络和信息技术、新能源汽车、新材料等领域攻克一批重点技术、培育一批重点企业、形成一套完善的商业运作模式。

四是提高技术改造投资比重。重点支持工业转型升级重点领域、关键环节的技术改造。为增强制造业核心竞争力，组建一批国家实验室和产业共性技术创新中心，为企业提供基础研究和竞争前技术支撑。

亟须应对消费及投资主力军的代际变化

复旦大学证券研究所副所长　王尧基

王尧基，男，1964年出生，经济学博士，金融学博士后，现为复旦大学证券研究所副所长、中央电视台财经指数委员会执行专家委员、《中国新闻周刊》专栏作家、《董事会》杂志特约研究员，主要从事金融市场、宏观经济等方面的研究工作，也经常通过在媒体上发表评论或观点为中国的经济改革和发展建言献策。

2016年将是国际国内经济形势复杂多变的一年。对中国来说，虽然需要应对的经济问题很多，但消费的快速增长和股市的健康发展比以往任何时候都显得更加迫切和重要。鉴于目前国内中青年成为消费及股市投资主力军而出现的明显代际行为变化，亟须改革举措的因势利导。

随着社会进步和人民收入水平的提高，如今国内中青年出现了明显的消费升级及新消费习惯，特别是“80后”、“90后”正在成为消费的主力军。这些人以独生子女居多，在相对宽裕的家庭环境中长大，更看重产品质量及品牌、更乐意通过移动端来订货及支付，2016年春节前后农村中青年网上购销势头尤其迅猛，表明国内消费潜力巨大。但是，现有产品的质量和档次与人们的消费需求还有不小差距。虽然近年的收入分配改革已使国内基尼系数逐步下降，但收入的两极分化依然是抑制有效需求的主要因素。这表现为高收入者经济实力强，但边际消费倾向低；中低收入者特别是中青年人的边际消费倾向高，却“囊中羞涩”且家庭赡养负担重。另外，畸高的房价、沉重的医疗及教育费用等负担也在很大程度上挤压了普通居民的购买力。

因此，今后除了通过供给侧改革尽可能多提供高品质的商品而外，还应采取促进降低房价、降低税负以及补贴等举措减轻民众负担，促进消费潜力的充分释放。

2015年以来，中国的“80后”、“90后”投资者迅速成为股市的主力军。他们成长过程中一直接触各种数字产品，因而善于利用新技术手段进行快速交易操作；他们从小在少子化的家庭环境中受到更多宠爱且市场历练尚少，故其维权意识较强而风险意识较弱。在目前国内股市分红总体水平还很低、赚取股票价差为主要获利方式的情况下，这些中青年投资主力军在给股市交易增添活力的同时，也因其更加激进的交易风格助推股市波动的频率提高、波幅增大。2015年以来，股市之所以异常大起大落，除了国际国内经济背景的复杂多变，既有股市体制存在明显“短板”的主因，也有市场操作风格变得更加激进等方面的原因。

由此可见，加快股市体制的供给侧改革已是刻不容缓。除了大力加强政府监管外，还应建立激励机制调动民间力量监督上市公司，严厉打击财务造假及市场操纵，下决心让市场上的“僵尸公司”批量退市，促使上市公司切实努力经营并真诚回报投资者，早日使投资者主要通过长期价值投资来获取分红及股价上涨的合理回报，而不用像现在这样“火中取栗”般地频繁博短差微利。

2016年经济有望筑底企稳

国务院发展研究中心副主任　王一鸣

王一鸣，现任国务院发展研究中心副主任、党组成员，研究员，兼任中国社会科学院博士生导师、中国人民大学兼职教授，中国宏观经济学会常务理事、中国经济体制改革研究会常务理事、中国区域经济学会副理事长。1989年毕业于南开大学，获经济学博士学位。毕业后长期在国家发改委工作，曾任国家发改委宏观经济研究院常务副院长、党委书记，国家发改委副秘书长。1993～1994年比利时老鲁汶大学应用经济系和欧盟中欧研究中心访问学者。主要从事发展战略和规划、宏观经济和政策等方面的研究工作。著有《走向2020：中国中长期发展的挑战和对策》《调整与转型——中国经济发展战略和中长期规划研究》《知识经济与中国经济发展》《中国区域经济政策研究》等书。

2016年我国经济是延续过去5年的下行态势，还是在再平衡调整中筑底企稳？这既取决于市场需求变化，更取决于供给侧改革发力。改革的实质性推进，将重塑市场预期，从而激活经济筑底企稳的内生动力。

2016年的世界经济将难改“新平庸”增长态势。影响世界经济的主要因素，包括美国退出量宽政策、美元延续升值周期，大宗商品价格下跌、全球贸易持续低迷、新兴经济体结构性矛盾暴露、经济增速大幅放缓。我国作为最大的发展中经济体，既受到资本外流、外需收缩和新兴经济体调整的影响，又将以大规模经济体的“溢出效应”，在与其他经济体的互动调整中影响世界经济。

2016年，我国经济下行压力还将继续释放。房地产投资增长由正转负、制造业投资继续回落、基础设施投资面临融资约束，服务业投资高位回调，投资增速将进入“个位数”时代。消费总体平稳，但受居民收入增速放缓和“住、行”消费降温影响，增速将小幅回调。出口在经历了2015年的负增长后将有所好转，回归低速增长。总体判断，本轮经济回调的阶段性底部有望在2016年出现，全年将实现6.5%以上的增长。

我国面临的需求放缓和供给结构错配，要求我们从供需两端发力，既要用好需求管理政策对冲产出缺口扩大，更要着力推进供给侧改革提高实际和潜在产出水平，为经济筑底企稳创造条件。

需求管理要把握好度，既不能超越社会承受能力，又不能出现大面积流动性紧缩。积极的财政政策要适当加大力度，阶段性提高赤字率，适度扩大赤字规模；调整中央与地方债务结构，提高铁路、水利、农村电网、生态环保等重大项目中央出资比例；推进结构性减税和普遍性降税，加快营改增扩围，降低制造业增值税率。稳健的货币政策要适度灵活，保持新增贷款和全社会融资规模合理增长；适度降低法定存款准备金率，对冲外储资金流出；完善利率走廊机制，加强预期引导和管理。

供给侧改革要加大力度，重点是有效化解过剩产能，推动产业优化重组，降低企业生产成本，发展战略性新兴产业和现代服务业，增加公共产品和服务供给，提高供给结构对需求变化的适应性和灵活性。当前，要从化解过剩产能和处置“僵尸企业”入手，摸清底数，把实际情况摸准摸透；明确产能削减目标，加快出台人员安置、债务处置、资产重组等具体政策措施，消除企业退出的各种制度性障碍，财政和金融支持政策与地方产能核减挂钩；积极探索用市场化的方法出清产能，如建立全国性的过剩产能交易市场，在合理分配过剩产能退出指标的基础上，允许产能指标跨地区交易。

中国经济与文化产业发展展望

中央财经大学文化经济研究院院长、教授　魏鹏举

魏鹏举，博士，教授。现任中央财经大学文化经济研究院院长，国家文化创新研究中心（筹）主任。兼任北京大学文化产业研究院研究员、中国人民大学文化创意产业研究中心研究员、中国民生研究院研究员等。受聘国家“十三五”时期公共文化服务体系建设专家委员会委员、文化部“十三五”时期文化改革发展规划专家委员会委员、财政部国有文化资产管理专家委员会委员等。2011年入选教育部“新世纪优秀人才”支持计划，2014年入选北京市宣传文化系统“四个一批”理论人才。

代表著作有《文化创意产业导论》《文化产业投融资体系研究》《文化产业与经济增长——文化创意的内生价值研究》等。在《文学评论》《文艺研究》《人民日报》《中国行政管理》等公开发表论文百余篇。主持国家社科基金、教育部、财政部、文化部、北京市、亚洲发展银行、国家开发银行等各级各类课题五十余项。

“十二五”之后，中国经济高位下行已成常态，保增长的硬约束会使中国政府给予文化创意经济更大的支持。经济新常态，这既是中国社会经济发展的必然逻辑，也是中国政府的理性选择。20世纪70年代后30多年平均10%左右的经济狂飙突进，在带来中国社会财富的极大增长的同时，也逻辑性地导致能源资源枯竭、生态环境恶变、中等收入陷阱等日益被普遍感知的发展

危机。长期高速发展带来的经济势能与社会期待，的确会出现政府失灵和市场失灵并存的危险。所谓政府失灵是指试图理性把控经济发展态势的行政努力失效，这不仅现实地体现在股市、汇市调控的尴尬失措，也不无反讽地表现在对于产能过剩行业的进退失据上。所谓市场失灵是指市场作为与民众关切、政府需求错位，比如医疗卫生领域，市场化似乎在加剧医患矛盾，文化产业的繁荣也带来了越来越强烈的对于文化庸俗化的质疑以及对于文化公共价值（社会效益）缺失的担忧。但是，在中国的现代化发展进程中，不管有多少问题，无论存在什么样的困境，发展是硬道理，改革是大方向，包容矛盾，寻求新的增长平台，保持经济适度高度增长，这会是中国发展的基本战略选择。正是在新常态的语境下，基于文化创意的社会经济发展模式得到越来越普遍的认可。

最近十年来，文化产业占GDP的比重也在稳步上升，从2004年的2.15%上升到了2014年的3.76%。总的来看，无论从增量还是占比来看，文化产业在中国确实在快速发展，在国民经济中的地位逐年攀升。如果从一个总体走势来看，文化产业发展走向基本上与宏观经济的走向一致，而且它的增长下滑速度比GDP下滑速度还要大。最近十年，GDP增速一路下行，2012年一下跌到了8%以下，2015年GDP增速更是跌破7%。同比文化产业增速来看，文化产业在2005年的增长幅度达到37.1%，最近这几年增长速度也明显下降，2013年增长率下降到了有统计以来的最低点11.1%。

那么，未来五年文化产业能否逆势而上？从发展态势来分析，2014年文化产业增速开始触底反弹，上升到12.1%，与继续下滑的GDP增速相比，文化产业的发展呈现一个比较温和的V型反弹的上升势头。在未来五年中国经济下滑趋势持续的背景下，“十三五”时期文化产业要实现成为国民经济支柱产业的既定目标，预计年均增长率会达到15%甚至更高。我认为文化产业有可能实现“逆势而上”的发展，对于中国经济转型发展具有越来越显著的战略价值，对于中国文化在市场经济条件下、全球化语境中的繁荣发展也将发挥举足轻重的作用。

金融助力稳增长

中国民生银行首席研究员　温　彬

现任中国民生银行办公室副主任兼首席研究员，经济学博士、金融学博士后，教授。

1998年7月至2014年6月，先后在中国银行总行公司业务部、国际金融研究所、战略发展部工作，历任信贷员、客户经理、分析师、高级分析师、杂志和学会主管、战略管理主管、宏观经济研究主管，兼任《国际金融研究》杂志常务副主编、《国际金融》杂志副主编。2014年7月至2015年9月，先后任中国民生银行发展规划部总经理助理、研究院院长助理，兼首席研究员。

专著：《发展中国家贸易自由化》，主编：《个人金融实务》，在《世界经济》《金融研究》《财贸经济》等核心期刊发表论文20余篇。

2016年是“十三五”规划开局之年，国内外形势依然复杂严峻。从外部看，全球经济脆弱性上升。自2008年爆发国际金融危机至今，全球经济复苏乏力，地区冲突、难民危机、恐怖袭击等导致全球风险上升、不确定性增加。发达国家竞相采取量化宽松货币政策，收效甚微，发展中国家经济增长连续放缓。美联储自2015年末宣布加息后，美元指数开始回落，后续加息进程的不明朗导致全球金融市场剧烈波动，容易诱发系统性风险。

从内部看，结构调整艰巨性凸显。我国经济已进入新常态，传统增长动能减弱，新增长动能正在培育。预计全年GDP增长6.8%，经济运行在合理区间，CPI上涨2%，通胀水平保持低位。在强调供给侧结构性改革的同时，短期内仍然要重视需求管理，防止通缩加剧和经济失速的风险。2016年外需对增长的拉动作用有限，需要继续扩大内需，以实现稳中求进的目标。在消费增长平稳的前提下，投资对全年经济增长目标的实现至关重要。2015年固定资产投资增速回落到10%，主要受到制造业、房地产业、基础设施投资不同程度回落的影响。因此，只有进一步简政放权，改革投资管理体制，创新融资模式，才能确保投资增速保持在合理水平。

“去产能、去库存、去杠杆、降成本、补短板”是2016年工作的五大任务，需要金融改革继续发力，发挥金融服务实体经济和稳增长的作用。

一是坚持稳健货币政策，完善货币政策传导机制。央行通过公开市场操作保持流动性稳定，降准、降息仍有空间，切实降低企业融资成本。同时，探索利率走廊机制，扩大基准利率在金融产品定价中的应用，畅通货币政策利率传导机制。

二是调整银行信贷结构，促进经济和产业结构调整。商业银行要按照“十三五”规划建议要求，抓住区域发展、产业升级、消费扩大、民生改善四大机遇，一方面压缩产能过剩行业和僵尸企业信贷，另一方面增加对上述有潜力领域的投入，实现结构优化。

三是加快资本市场发展，提高直接融资比重，降低企业杠杆率和融资成本。随着一个包括主板、中小板、创业板、战略新兴板、新三板、四板等在内的多层次资本市场逐步形成，有利于企业股权融资的快速发展。此外，推进银行间市场和交易所市场的互联互通，促进债市发展。

四是以加入SDR为契机，扩大资本项目双向开放，进一步推进人民币国际化，助力中国企业走出去和“一带一路”战略的实施。

五是完善金融监管体系，防范系统性金融风险。金融机构综合经营、互联网金融兴起、金融开放扩大，金融市场之间风险的交叉传染增强，需要加强监管协调和金融监管体系的改革创新。

财政经济：新常态下力推改革与发展

中央财经大学中财—鹏元地方财政投融资研究所执行所长　温来成

温来成，甘肃庄浪县人，2001年6月毕业于中国人民大学财政金融学院，获博士学位，2003年7月至2005年9月，在中国人民大学经济学院博士后流动站做研究工作。现为中央财经大学中财-鹏元地方财政投融资研究所执行所长、财政学院教授、博士生导师。中国行政学会理事、中国行政管理体制改革研究会理事、全国政策科学研究会理事、中国财政学会公私合作（PPP）专业委员会委员、中国财政学会财政投融资专业委员会常务委员。主要研究方向为财政投融资、城市财政与城市公共管理、公共财政理论等。已在《财政研究》《中国行政管理》《税务研究》《财贸经济》《国际经济评论》、等刊物发表学术论文80多篇，著有《西部大开发与财政制度安排》《市场化进程中的中国财政运行机制》（合著），主编、参编《政府经济学》《国有资产管理新论》《现代公共事业管理概论》《中国财政50年》《现代财政学》等著作、教材20多部，主持国家哲学社会科学基金《公私合作特许经营全生命周期财政风险监管技术研究》，以及财政部、教育部、北京市和甘肃省的多项研究课题。曾获得北京市哲学社会科学优秀成果二等奖、全国财政理论研究优秀成果二等奖、涌金青年学术奖、中国行政管理学会2008年年会优秀论文一等奖、民政部农村社区建设理论研究一等奖。

2016年中国财政经济，将是在经济运行进入新常态下推进各项改革，谋求经济社会发展新成就的一年，努力为“十三五”规划的实现起好步、开好局。根据目前我国经济发展的实际情况，结合国际市场的变化，2016年预计GDP增长6.5%左右，财政收入增长7%左右。在财政收入方面，受经济增长速度放缓、结构性减税、土地出让金收入下降等因素影响，特别产能过剩短期内难以消除，财政收入增长压力增加，税收收入增长缓慢，预计税收收入增长仍低于财政收入整体增长速度。在支出方面，受经济增长下降和财政收入增长缓慢的影响，财政支出压力较大。从地方政府债务来看，部分市县债务风险依然较大，还本付息任务较重。从就业和社会福利支出，在经济增长下行，国内外市场需求萎缩的形势下，企业停产半停产、破产倒闭的数量增加，财政就业和社会福利支出压力增加。在养老保险支出方面，随着人口老龄化的加剧，养老保险制度改革，财政用于养老保险的支出，将有较大幅度增加。在经济结构调整方面，国家财政仍需要以财政股权投资基金等方式，支持经济结构调整和产业升级。财政管理方面，由于上述原因，导致财政收支平衡困难，财政赤字需要增加，以保障国家宏观经济稳定与社会发展目标的实现。

面对较为严峻的财政经济形式，国家需要进一步加大财税改革步伐，运用财政政策工具，有效调节国民经济运行，实现2016年经济社会发展目标。①实施积极财政经济政策，防范系统性危机，实现经济转型、升级、可持续发展。运用财政补贴、税收优惠等手段，在国内优先支持企业兼并重组、消化过剩产能，转向发展新兴业态；在国际上，支持“一带一路”战略和企业走出去，转移国内过剩产能。将就业作为民生财政首要政策目标，运用财政政策支持大众创业、万众创新，维护社会稳定。同时，运用财政股权投资基金等手段，支持产业结构升级、跨越发展。加大科技投入，建设创新国家。

加大环境治理力度，治理雾霾大面积扩散状况，走可持续发展道路。②实施体现社会公平的财政政策，走出“中等收入陷阱”的担忧，建设和谐、小康社会。进一步在区域之间、城乡之间合理配置公共资源，逐步实现公共服务均等化。③在财政体制改革领域实现重点突破，为国家治理体系现代化提供支持。在税制改革方面，完成营改增，积极推进房产税、资源税、个人所得税、消费税改革。在预算改革方面，完善预决算公开、中期预算制度等制度。在事权和支出责任相匹配方面，以建立各级政府权力清单为突破口，在各级政府事权和财政支出范围界定方面取得进展。建立均衡性转移支付绩效评价指标体系，有效缩小区域财力差距，保障县乡政府公共服务能力。推进上述改革，完成建立现代财政制度阶段性任务。

中国经济将在质量效益稳步提升中迎接挑战

湖北工业大学教授、博士生导师　吴麟章

吴麟章，男，汉族，1969年生，江西余干人。博士、教授、博士生导师，先后毕业于浙江大学信电系、清华大学精仪系。现工作于湖北工业大学太阳能高效利用湖北省协同创新中心，兼任湖北省光伏工程技术研究中心主任。吴麟章长期从事光电子薄膜材料生长与器件制备、器件物理理论等领域的研究与教学工作。同时，吴麟章面向区域经济建设，长期从事应用型高等教育改革与实践、产学研协同创新体系与平台建设、科技创新管理与区域技术创新体系建设等工作。目前，在带领团队开展太阳能科技研究的同时，他重点开展区域科技创新能力及其对区域经济发展贡献与对策研究。

2016年是承接“十二五”收官和“十三五”开局之年，中国经济将紧紧瞄准“两个百年”目标，在质量效益方面稳步提升，但面临的挑战与考验也是空前严峻。因此，2016年中国经济将在经济结构转型升级这个改革意志引领下总体逐渐向好中伴随很大的不确定性。

第一，按照“四个全面”布局，我国继续深入推进经济结构转型升级的决心毋庸置疑。2016年，将深刻把握新常态“速度换挡、结构调整、动力转换”这三个特征新要求，坚持以“五大发展理念”为指挥棒，通过着重供给侧结构性改革，重点抓好“三去一降一补”，牢牢引领经济形态向质量效益型升级发展。在具体发展过程中，将切实遵照“宏观政策要稳、产业政策要准、微观政策要活、改革政策要实、社会政策要托底”总体思路，牢牢把握和引领经济结构转型升级这个大局，确保2016年经济质量效益逐渐提升。

第二，习近平总书记对当前我国经济形势做出了清醒深刻的判断，即“我国经济发展长期向好的基本面没有变，经济韧性好、潜力足、回旋空间大的基本特质没有变，经济持续增长的良好支撑基础和条件没有变，经济结构调整优化的前进态势没有变。新的增长点正在加快孕育并不断破茧而出，新的增长动力正在加快形成并不断蓄积力量”。这充分表明，面对经济新常态下的经济下行压力，我们对困难的认识是清醒的，对掌控困难并引领新常态的措施是坚定有效的，对推进经济结构转型升级是有充分信心的。

第三，中央、国务院及各省市出台的一系列促进创新驱动发展的政策与办法正在深刻发挥积极作用，促进了“新技术、新产业、新业态、新模式”的产生、发展和逐步壮大，从而推动创新驱动发展动力的积聚与增长。这个增长态势是不以人的意志为转移的，其产生的效果是不断激发“大众创业、万众创新”，不断增强经济发展内生动力，有利于促进经济结构转型升级。

第四，正在加快建立健全开放型经济新体制。政府坚持不断深化简政放权，并通过全面深化改革，把配置资源的决定性作用稳妥有效地交给企业、交给市场。同时，通过各种有效途径和支持办法，努力培育并繁荣新兴市场主体，使市场主体逐步担当起市场主体责任，积极发挥市场主体作用。这有利于促进经济结构转型升级。

以上四方面将促进2016年中国经济质量效益总体稳步提升。

毫无疑问的是，在经济质量效益总体稳步提升的同时，2016年的经济发展将迎接一系列严峻挑战与考验，需要智慧应对。首先，“三去一降一补”的具体实施需要深刻谋划、综合施策，因为这是“牵一发而动全身”的系统性问题，关联着经济社会等重大而敏感的问题，比如在经济下行压力继续深化的同时，可能带来就业失业问题、债务风险问题、货币与金融风险问题。若实施得当，经济下行有望于2016年下半年探底；其次，产业链、资金链、创新链在全面深化改革的过程中若配合得当，将会很有效地激发“新技术、新产业、新业态、新模式”发展，从而遏制经济下行并引领新常态，促进经济转型升级。否则，就可能会产生较大风险；最后，复杂而严峻的国际政治经济形势对我国发展环境形成了重大挑战。

绿色发展作为战略导向将产生巨大正能量

中国民营经济研究会专职研究员　夏汛鸽

夏汛鸽，1955年2月出生于湖北武汉。2003年10月获中国社会科学院欧洲系法学博士学位。1974年10月～1977年4月曾任湖北省洪湖县新滩公社东风大队知青队队长、大队党支部副书记。1977年4月～1978年9月曾任国营武昌造船厂板金工人、厂部办公室秘书。1982年9月～1993年11月曾任湖北省计划委员会干部处科长、湖北省计划管理干部学院培训处处长、副研究员。1993年12月～1998年12月曾任中国（海南）改革发展研究院国际合作部部长。1999年1月～1999年8月曾任综合开发研究院（中国.深圳）国际联络部部长。1999年8月～2002年7月任德国技术合作公司北京办事处项目咨询顾问。2002年8月～2009年5月曾任综合开发研究院（中国深圳）特邀研究员、北京办事处主任。2009年10月至今，任中国民营经济研究会专职研究员。

2016年，“创新、协调、绿色、开放、共享”的“顶层结构性发展战略理念”，将对国民经济宏观态势和微观运行总体产生积极正向的结构性影响。具体讲，积极扩大供给弹性、提高供给质量、减少供给失误，可能使供给体系更好适应需求结构变化；适度努力扩大出口、审慎增加投资、持续鼓励内需，依然是需求体系更好适应供给结构优化的基本选项。所以，研究者慎言“强调在适度扩大总需求的同时，着力加强供给侧结构性改革，给步入新常态的中国经济开出了一剂标本兼治的对症‘药方’”可能具有重要现实意义。因为，是否“对症下药”尚需耐心观察，去产能、去库存、去杠杆、降成本、补短板的供给侧结构性改革毕竟是一个渐进过程，不会一蹴而就；是否“标本兼治”尚待理性研判，对如此高标准的价值追求目标现在下结论为时尚早，不宜一厢情愿。

2016年，已经上升到我国顶层战略设计高度的绿色发展共识，作为战略导向将开始产生巨大的正能量。我国微观经济层面“高投入、高耗能、高污染”行业的转型，宏观经济层面总体向中高端水平的升级，都将逐步得到国家层面绿色发展战略更加务实的支撑。逐步加快绿色经济发展步伐，逐步提高经济绿色化程度的态势，将继续显现。体现我国最高决策层对绿色发展内涵“绿水青山就是金山银山”的精准表述，相关具体工作将逐步落到实处，例如，搞好生态资本核算或将逐步成为企业的正常经济活动。在价格机制和价值规律的作用下，在逐步建立相应监测指标体系监控下，使企业尤其是民营企业作为资源配置主体，通过市场交易定价来实现和检验规范的生态资本核算体系，将是一个渐进并存在不确定性的过程。

2016年，我国推动建立绿色低碳循环发展产业体系，将逐步开展很多具体工作，例如，通过绿色产业发展的顶层创新研究，根本改变绿色产业发展理论与实证工作总体碎片化状态。又如，在长期规划中具体界定绿色产业的合理边界，逐步减少乃至归零污染带动型的环保产业。再如，理性研判我国农业绿色发展的现实基础，在农业供给侧保障农产品有效供给。同时，妥善处理能源模式相互辩证关系，逐步合理取舍油气替代煤炭和非化石能源代替化石能源。按照“必须顺应人民群众对良好生态环境的期待，推动形成绿色低碳循环发展新方式”的要求，扩大和深化转变经济发展方式内涵的实践，将逐渐呈现丰富多元的趋势。概而言之，创新才有绿色生机，协调可使绿色均衡，开放促进绿色持续，共享维系绿色常青。

多利好促中国经济软着陆

中国国际问题研究院研究员　夏义善

夏义善，中国国际问题研究院研究员。

1960年进入外交部，先后在苏联东欧司、中国国际问题研究院、中国驻苏联、俄罗斯使馆任职。参加了中苏以及后来的中国与俄、哈、吉、塔边界谈判，因“为谈判做出了贡献”，2005年受到外交部党委表彰。作为中国代表团副代表，参加了日内瓦国际裁军谈判。在研究院工作期间，完成了国家级和省部级的有关我国外交、能源和经济发展战略的研究项目多个，提出了不少创见和建议，多次受到国家领导人以及外交部和相关省领导的肯定。编写了《中国国际能源发展战略研究》等学术著作多本。2005年被外交部推荐为国家能源领导小组专家组成员。担任中国能源战略研究中心主任多年。

2016年我国经济形势十分严峻，问题很多，困难很大，这些问题和困难是我国改革开放和建设三十多年所累积的，其中一些问题是由于我国社会发展的特殊性所带来的、是不可避免的，但是有些问题是政府发展过程中的失误，没有及时发现和解决，例如环境问题，我们对这一问题的认识不及时、觉悟太晚。目前这些问题已经造成不良的后果，甚至引起一些人对于我国经济发展前景的怀疑，但是笔者认为政府有能力、有可能解决问题，克服困难，我国经济会科学、稳妥、持续地向前推进。只要我国政策到位、措施得力、转型成功，不仅可以避免陷入中等收入国家的陷阱，而且今后还能走得更快、更好。我国经济基数大、实力强、优势多，未来五年左右的时间完全可以实现和保持5%～6%的增长，因为只有保持到这个增长速度才能满足我国人口就业和人民对生活水准的追求。

我国经济不会出现国外媒体预测的“硬着陆”，笔者认为有很多的有利条件支撑我国经济的“软着陆”：第一，我国经过三十年的发展奠定了雄厚的物质基础，包括高GDP、高外汇储备、完备的工业体系、比较发达的交通网络及有关基础设施；第二，人力资源丰厚、潜力较大。仅高校每年七八百万的毕业生就使得我国劳动人口的素质有可能不断提高；第三，我国国土辽阔，区域发展不均衡，大量贫困人口急需改善生活条件，发展空间和投资需求较大，这是推动我国经济发展的重要动力；第四，在改革开放的三十多年中，我们闯过了道道难关，积累了丰富的经验，这是我们克服当前困难的财富；第五，2016年我国在调结构、稳增长中取得了初步成绩，例如，消费对于经济增长的贡献率已经提高到50%以上；第六，“一带一路”战略初见成效，得到了六十多个国家的支持和响应，一些大的建设项目已开工建设，投资逐步增加；第七，我国拥有制度优势，我国的社会制度使中国改变了贫穷落后的面貌，已成为强大的经济体，依靠这一制度，我们能够克服当前所面临的困难，实现经济的“软着陆”。鉴于以上几点，笔者对中国经济的发展持谨慎乐观态势。

对于我国的结构改革，笔者建议：第一，关于旅游业，2015年我国在旅游方面取得了很大的成绩，对外的旅游消费高达1.2万亿人民币，其中70%是用于采购，这证明我国的消费潜力很大，未来我国应该采取措施将境外的消费引流回国内，而实现引流需要政策和企业两重改革，企业要生产能够满足中高端人群消费所需的产品。第二，关于“一带一路”战略，我国在推进“一带一路”战略中已经取得了不少的成绩，但是“一带一路”经过的地区，存在各种不安全的隐患，比如说有的国家存在战乱、有的国家恐怖活动频繁、有的国家内部宗教党派矛盾尖锐、政局不稳；有的国家十分贫困文化教育水平低、基础设施缺乏，因此，在推进“一带一路”战略时应该对安全风险、政治风险、外交风险、文化社会风险、经济风险等进行精确的评估，制定出预防风险的各种预案，而且需要加大外交工作力度采取各种措施，化解矛盾，规避风险，为“一带一路”战略的推进保驾护航。

调整宏观调控方向，为经济增长提供充足的动力

中国区域经济学会副会长、国家发改委国土开发与地区经济研究所所原所长

肖金成

肖金成，经济学博士，河北魏县人，享受国务院特殊津贴。中国区域科学协会副理事长、国家发改委宏观经济研究院二级研究员，国家发改委国土开发与地区经济研究所原所长、中国社会科学院研究生院博士生导师、福建省人民政府顾问、中国国际工程咨询公司学术专家委员会委员。毕业于中国社会科学院研究生院，后在南开大学做博士后研究。曾任中国区域经济学会副会长、中国国土经济学会副秘书长、中国投资协会理事、中国人民大学、国家行政学院等大学兼职教授、国家原材料投资公司财务处处长、国家计委经济研究所财政金融研究室主任等职。2011年，被中国国土经济学会评为“2011中国十大国土经济人物”，被中国国际城市化发展战略研究委员会评为“2012年中国城市化贡献力人物”，2012年，被中国科学技术协会评为“全国优秀科技工作者”。

2014年末笔者曾预测，2015年末经济增长很可能回落到7%以下，因为当时通货紧缩的情况已比较严重，如不采取有效措施，必然影响经济增长。虽然2015年期间，降低了几次存款准备金率，但至年末仍然在16%以上，也就是说，宏观调控的方向仍然是反通胀。

我们不再追求高增长，但也不要追求低增长，更不要追求负增长，有通货膨胀风险时要反通胀，有通货紧缩风险时要反通缩，明显有通货紧缩的风险还要反通胀，就是南辕北辙。如果不能遏制经济下行的局面，我国经济就要付出沉重的代价。我国经济进入新常态，我们希望实现中高速增长，这是“十三五”规划建议提出的明确目标，宏观调控应根据这一目标调整方向，如果调控方向错了，其结果是显而易见的。

去库存、去产能、去杠杆，推进供给侧改革均是正确的。经济结构调整是长期的事，不要期望在很短时间内见到效果，体制改革和机制创新也难以短期见效。通货紧缩是当前的主要危险，必须采取及时有效的措施。存款准备金率是宏观调控的主要的、有效的杠杆，如存款准备金率过高，把大量的资金锁定，市场缺乏资金，不仅影响企业的投资意愿，也使市场的正常交易受到影响，“三角债”就会越来越严重，到期贷款无法偿还，企业融资将难上加难。高于16%属于反通胀的宏观调控措施，意味着继续收紧基础货币，市场上的资金供应量会继续减少。下调一个点等于给市场投放近万亿元基础货币，经过几个月的运转，市场增加的货币供应量就有六七万亿元，现在市场缺的资金不是一两万亿元，而是十几万亿元，市场缺了十几万亿元的资金还能动得了吗？就像汽车没有润滑油，速度能快得起来吗？现在，很多人都拿M2说事，M2包括定期存款，存在银行的定期存款越多，会影响流动性。犹如水库里的水很多，由于闸门关上了，河里可能早已没水了。建议继续下调存款准备金率，近期将存款准备金率下调1个百分点，二季度、三季度各降1个百分点，年内降到12%。12%的存款准备金率才是宏观调控的新常态。

影响经济增长的另一个因素是企业的投资意愿不强。企业有资金宁愿存在银行，是市场需求不足，各行各业经济效益普遍低下导致的结果。给市场传递货币宽松的信号，才能提高企业投资的信心。通过PPP投资模式，增加城市基础设施和农村基础设施的投资，也是拉动经济增长的重要措施。笔者认为2016年经济形势谨慎乐观。中国经济的基本面很好，国内需求增长的潜力很大，尤其是城镇化是经济增长的重要动力，“十三五”期间，将有一亿农业转移人口举家进城，不仅增加住房需求，也能有效增加消费需求。

2016年我国经济总体处于企稳回升中

中国社会科学院副研究员、国家开发银行特聘专家　谢士强

谢士强，任职于中国社会科学院办公厅，副研究员、副处级学术秘书，兼任院研究生院硕士生导师，国家开发银行特聘专家，中国社会主义经济规律系统研究会副秘书长，中国发展战略学研究会会员。目前主要从事现代计划经济理论、宏观经济理论与政策、国家治理体系等方面研究。

2016年，是我国努力迈向全面小康社会的关键之年，也是逐步进入"十三五"规划的开局之年，更是继续推进全面深化改革的攻坚之年，努力把握国际经济形势，认真分析国内经济现状，并围绕各种发展战略，及时研究提出有效应对之策，对于进一步确保我国经济社会平稳健康可持续发展，具有非常重要的意义。

目前，我国经济形势的总体状况是继续处于企稳回升中。从需求角度来看，由于拉动我国经济增长的出口主要受到国际经济形势持续低迷影响，投资主要受到国内过剩产能严重制约，消费主要受到收入分配过大限制等，所以继续保持较高速度增长已不可能，中高速增长也有一定难度，但是经过各方努力，争取保持6%～7%还是有可能的，毕竟消费拉动作用在不断显现，通过继续实施"一带一路"发展战略而逐步有序对外转移过剩产能已见成效，出口产品也在不断改进，特别是高端设备出口正显示良好发展势头。从供给

角度看，大众创业和万众创新之风正逐步展开，通过结构性减税努力促进中小企业发展和高科技产业形成正日渐成效，继续规范市场政府权力边界努力正逐渐落实，进一步推动科技创新和着力开辟经济新增长点等举措也正显示积极效果。

为了继续加快我国经济企稳回升的发展步伐，现就结构性改革问题研究提出以下政策建议：第一，全面把握国内过剩产能的总体状况和不同地区之间的供需现状，在确保国内需求基本满足的情况下，积极采取各种措施鼓励内部地区间合理流动，同时通过继续实施“一带一路”发展战略，不断促进完全过剩产能逐步有序转向国外；第二，根据不同地区的城市化发展步伐及其房地产过剩情况，继续研究制定农村居民进城落户政策，并改进完善购房贷款等规定，不断促进我国房地产业平稳健康合理发展；第三，在继续规范政府市场合理边界的情况下，按照国有企业发展战略和产业发展规划等要求，积极通过结构性减税等措施，不断促进中小高科技企业的快速健康发展；第四，在继续推进“一带一路”发展战略的同时，要结合不同地区的互联互通发展现状，分类制定国内互联互通发展规划、实施方案和政策举措等各种文件，并抓紧建立健全包括基础设施等在内的项目储备库，适时加以推进和落实；第五，根据我国“十三五”规划的总体要求和有关产业的发展现状与规定，并结合其国内外产业发展现状，继续采取完全限制、部分限制、一般限制、积极鼓励和大力鼓励等各种措施分类改进完善我国相关产业政策，如继续鼓励电动汽车产业发展等。

中国经济增长有韧劲

中国国际经济交流中心研究部部长　徐洪才

徐洪才，中国国际经济交流中心经济研究部部长，研究员，中国社科院经济学博士，加拿大英属哥伦比亚大学访问学者。2010年3月加盟中国国际经济交流中心，曾任信息部部长。此前，曾任首都经贸大学金融学教授、北京科技风险投资公司副总裁、广发证券（上海）副总经理、中国人民银行总行官员、中国石化助理工程师。出版《变革的时代：中国与全球经济治理》《全球化背景下的中国经济》《大国金融方略》《中国多层次资本市场体系》等10余部专著；主编《投资基金运作全书》《投资银行学》《期货投资学》等10余部著作；在核心期刊发表论文40余篇；赴世界各地发表演讲。

2015年中国经济增长符合预期，经受住了诸多严峻挑战，表现出了一定韧劲。2016年，将加大“去产能、去库存、去杠杆、降成本、补短板”工作力度，预计全年经济增长6.7%～6.8%。物价方面，继续面临通缩压力，预计全年CPI上升1.6%，稍高于2015年水平；PPI继续负增长，但负增长幅度收窄。就业情况良好。新增就业人口减少和退休人员增加，有利于缓解短期就业压力，但也存在长期隐忧，全面放开二孩政策是明智之举。国际收支基本平衡。经常项目顺差占GDP比重有所上升，但资本外流增加，资本账户逆差扩大，部分对冲了经常项目顺差。

从微观上看，工业企业效益继续下滑。其中，国有企业效益下滑明显。规模以上工业增加值增长放缓。2015年下半年以来，M2增速一直保持在13%以上，但在经济下行压力下，银行惜贷情绪比较严重。相关部门加大了对微观主体顺周期行为的调控，发挥了宏观审慎管理政策作用。新增固定资产投资增长疲弱，房地产市场继续分化，一线城市房地产市场明显回暖，交易量上升较快，库存下降较快，价格环比上升；三四线城市消化库存，新增房地产开发投资持续低迷。政府与社会资本合作（PPP）项目落实和资金到位情况不尽人意，拖累了经济增长。

2015年，消费需求增长较平稳。传统住房消费有回暖迹象，汽车消费稳定，餐饮消费回升。新型消费，如信息消费、文化消费、旅游消费、健康消费、体育消费等增长加快，成为稳增长重要力量。外贸进出口继续负增长，贸易顺差维持在高位，但这并非出口竞争力上升，而是进口需求疲弱。经济结构调整取得一定成效，消费需求相对稳定，投资需求疲弱，消费对经济增长贡献上升，第三产业对经济增长贡献率上升。但是，财政收入下降，支出增加，财政收支不平衡加剧。城乡居民收入与经济增长基本同步，国民收入分配结构优化。中国仍然是吸引FDI的热土，同时，企业境外直接投资和居民境外消费稳步增长。外汇储备下降较多，主要原因是企业主动在全球范围内重新布局资产，这是藏汇于民、藏富于民的具体表现。

2016年中央财政赤字可能达到GDP的3%。M2增速继续保持在13%以上。一年期贷款基准利率下降到1.25%，一年期贷款利率下调到4.5%；但继续下调利率的空间很小，政策边际效应趋弱。随着资本流出增加，外汇占款减少，全年央行将下调金融机构法定存款准备金率6～7次，每次下调0.5个百分点。货币政策重点是向市场增加提供流动性，疏通货币政策传导机制，引导长期利率下行；财政政策重点是落实基础设施PPP项目投资资金，加大对创新创业活动支持力度。人民币将对一篮子货币保持相对稳定，对美元继续贬值，到2016年底，将到达6.9的水平。

中国供给侧结构改革元年

国家行政学院教授　许正中

许正中，国家行政学院教授，财政学学科带头人，博士生导师，经济学博士、博士后。现任国家行政学院经济学教研部教授。

研究领域：宏观经济与财政政策、区域经济与区域发展战略、管理学与管理模式创新。

教学成果：主要讲授《从国际视野重绘中国城镇化战略路线图》《新疆战略再定位与区域突围》《绩效预算与政府管理创新》《多元开放平台与区域产业集群创新》等专题课程。在省部级领导干部培训班上讲授《构多元开放平台，催生和提升中小企业产业集群》等专题课。2013年获得国家行政学院第二届优秀教学奖三等奖。

科研成果：主持完成4项国家自然科学基金项目、2项国家社会科学基金项目、6项国家软科学研究计划项目、5项世界银行课题，3项联合国课题，参与多项党中央、国务院交办的重大科研咨询项目。出版《绩效预算与构建有序社会》《走向创业型经济》《中国现代职业教育理论体系研究》《跨越：中国经济战略转型》等30多部学术专著，在国内外重要期刊发表论文180多篇。2009年、2011年获得国家行政学院首届和第二届优秀科研咨询成果奖。2013年获得国家行政学院第三届优秀科研咨询成果奖一等奖（教材类）。

学术兼职：兼任中华职业教育社专家委员会副主任委员、中国公共经济研究会秘书长，国家重大科技专项首席管理专家、世界银行项目、联合国项目咨询专家，中国生产力促进中心协会副秘书长、国家纳米产业化基地首席政策专家、国家自然科学基金和社会科学基金同行评议专家等。

所获荣誉：2008年享受政府特殊津贴，2009年入选新世纪百千万人才工程计划。2007年、2011年其两本专著荣获“三个一百”原创图书工程奖，2012年荣获第三届黄炎培优秀理论研究奖。

中国立足于制造业和资源型行业推动经济野蛮式规模化大发展的时期已经终结。2016年将是中国供给侧结构改革元年，推动经济社会走出“繁荣—过剩—出清”的周期，为中国可持续创新发展夯定坚实的基础，深化增长模式的转变与产业结构的调整和社会文明有序正向演进。

制造业方面，2016年将继续处于产能去化大周期与存货去化小周期的双重底部。房地产方面，2015年后期销售情况的繁荣很可能对未来几年的需求形成一定程度的透支，未来需要新的支撑力量维持需求上升。同时由于二孩政策的放开和进一步推动城镇化，2016年房地产投资将可能达到3%左右。消费将继续呈现稳健的走势，部分行业税收制度的改革有利于释放需求，在经济下行区间中，增速中枢将下行，预计增速为10%左右的水平。

尽管消费能稳定增长，但在房地产去库存、制造业去产能和外部再平衡完成之前，经济难言见底，预计中国经济在2016年依然处在调整期，随着财政发力和供给侧改革落地推进，有望走出一个前低后高的走势，2016年经济可能探底企稳，四季度有细微回升，全年GDP增速预计在6.5%～7%之间，系统性风险不大。

货币政策方面，政府将维持稳健偏松的货币政策，而不会实行大规模的宽松，预计2016年降息1～2次（每次0.25），存准率将下调5次左右（每次0.5个基点）。这样既不会妨碍市场的有效出清，也不会培养新的泡沫。中美基本面预期差变化使得资金外流益发严重，预计2016年出口增速达到2%，进口增速约为-5%。在美国等发达国家继续复苏的国际环境下，人民币汇率短期继续承压，人民币汇率贬值空间在3%～5%左右，不会发生系统性风险。信用体系的违约现象可能还会发生，但风险总体可控。

财政政策方面，从供给侧改革释放的信号来看，政策更加有针对性，消除过剩产能、提升资金利用效率是关键。尤其是在货币政策调整空间受限的情况下，财政政策将更为积极。预计政府将采取减税和增加支出的形式来支持经济，将扩大预算赤字比例；提高专项金融债券额度，提升重点领域的投资额；2016年赤字率可能放大到2.5%～2.7% 。

可以判断并非所有结构改革的推行都会顺利，如减税政策使得企业税负与财政收入左右两难，财政赤字率提高与减税的配合仍须把握取舍尺度。因此供给侧改革的推行仍存一定阻力，有效供给的实现仍然需要新经济下创业环境和制度环境的建立。在淘汰过剩产能的同时，必须大力推进高端产能。此外，因为淘汰过剩产能，会导致大量员工失业，政府需要在职业培训和下岗员工再就业方面给予政策支持；通过国企改革盘活国有资本存量，使得国有资本能够产生更大的效益；通过户籍制度改革等消化房地产库存，促进房地产业正常化；不断优化创业环境和制度环境创造有效供给，来匹配没有很好被满足的需求和潜在需求，实现新供给。

宏观经济有望企稳回升，供给侧改革成为最大看点

华夏银行发展研究部战略室负责人　杨　驰

杨驰，男，湖南长沙人，经济学博士，高级经济师，华夏银行战略发展部战略研究室经理，长期从事宏观经济、金融业战略规划、商业银行经营管理等领域的研究。

2016年，可能是中国改革开放以来经济形势最为复杂的一年，也是中国经济进入“十三五”新阶段、全力推进供给侧改革的关键一年。展望2016年，化解高杠杆、高库存、高产能、高成本，推进供给侧改革将成为贯穿全年的宏观政策主基调，宏观经济有望企稳回升，结构调整将取得明显进展，但各项挑战与困难仍不容忽视。

一是国际经济环境错综复杂。美国仍将处于缓慢复苏的过程，短期内难以对世界经济增长形成实质性贡献。欧盟的债务危机、高失业难题、难民危机尚未解决，以德意志银行巨额亏损为代表的银行危机和以大众汽车排放丑闻为代表的实业危机有可能进一步拖累欧盟经济。日本经济仍将持续低迷，通过负利率政策和日元贬值来刺激经济的效果不容乐观。新兴经济体资本流出的趋势可能加剧，甚至形成局部的国际收支危机。国际贸易保护主义将重新抬头，各类非关税壁垒将提高我国出口的难度。部分新兴国家与我国在劳

动密集型产业的竞争更加激烈，低端产业向国外转移、外部需求萎缩将对我国劳动密集型产业和出口产业形成直接冲击。

二是结构调整倒逼企业转型。产能过剩、亏损严重将倒逼部分行业进行结构调整，转型有望进一步深化。但在化解过剩产能、处置“僵尸”企业的过程中涉及的就业、财税收入、银行信贷等问题将比较突出。社会资本脱实向虚、企业效益低下、直接融资市场不发达导致企业特别是中小企业融资难、融资贵的问题短期内难以解决。

三是各类隐形风险需引起警惕。企业不景气导致的信贷风险有可能从小微企业向大中型企业蔓延、从产能过剩行业向上下游行业蔓延、从沿海地区向中西部地区蔓延。钢贸、煤贸、铜贸和担保圈、担保链等业务风险和影子银行、过剩产能风险还没有得到完全控制，网络非法融资有可能进一步暴露。预计未来几年，银行业仍将处于信贷资产高风险期，不良贷款率和不良贷款余额有可能继续上升。

当前，我国正处于社会、经济全面转型的关键时期，确保经济保持在合理增长区间，是推动我国经济结构调整、顺利进行各项改革措施的客观需要，也是稳定社会民生、实现政策托底的基本前提。要以中央经济工作会议精神为指引，稳住预期，精确用力，力争在几项关键领域取得突破。

一是继续扩大内需。加大基础设施建设投资力度，继续以高铁、机场、港口、城市轨道交通、高速公路、核电等重大项目建设确保投资规模。通过政策性银行贷款、产业基金等方式，多渠道扩大建设基金供给力度。特别是要优化PPP模式的利益共享和风险共担机制，消除民间资本顾虑，尽快吸引更多社会资金进入基础设施建设领域。采取专项政策优化消费环境，吸引境外消费回流国内。

二是深化结构性减税政策。在整体税负基本稳定、确保财政收入的前提下，实行结构性减税政策，优化税收结构。一方面扩大资源税征收范围，将部分高能耗、高污染产品纳入消费税征收范围，降低甚至取消“两高一剩”行业的出口退税；一方面积极降低中小企业和战略性新兴行业的税负，继续降低房地产交易环节的营业税所得税契税，扩大房地产需求。

三是优化金融生态环境。商业银行不良资产反弹，风险偏好明显下降，加之金融监管日益严格，导致放贷能力和放贷意愿有所下降。应适当考虑减压措施，降低商业银行经营成本和经营风险，提高放贷能力和放贷意愿。加快发展直接融资市场，以股权投资基金、新三板、众筹等形式多渠道解决企业融资难题，降低企业融资成本。加快地方政府债务置换规模，尽快将原有的高成本、短期限贷款置换为低成本、长期限的债券，降低地方政府债务压力。

2016年经济工作总基调或仍是“稳中求进”

前海开源基金公司首席经济学家　杨德龙

杨德龙，男，汉族，中共党员，1981年6月生，河南商丘人，居住深圳，现任前海开源基金管理有限公司执行总经理、首席经济学家。2006年7月毕业于北京大学光华管理学院，获经济学硕士学位，师从著名经济学家厉以宁教授（院长）、曹凤岐教授（硕导）等，北京大学优秀毕业生；2003年7月毕业于清华大学机械工程系，获工学学士学位。

2016年是“十三五”规划第一年，而“十三五”规划是本届政府执政以来第一份五年规划，也是实现第一个百年目标的最后一个五年规划。十八届五中全会审议通过的《中共中央关于制定国民经济和社会发展第十三个五年规划的建议》，提出了经济保持中高速增长，全面建成小康社会新的目标要求，提出了创新、协调、绿色、开放、共享“五大发展”理念。本届政府上台后的历史任务就是要通过改革转型来实现中国经济的可持续发展，改变过去那种依靠“三高”行业来增长的发展模式。“十三五”期间，经济增长将“保量提质”，改善民生提高居民收入，缩小贫富差距。

习近平总书记强调，在适度扩大总需求的同时，着力加强供给侧结构性改革，着力提高供给体系质量和效率，增强经济持续增长动力，推动我国社会生产力水平实现整体跃升。2016年，中央经济工作重点将从供需两侧发力推进结构性改革，增强经济持续增长动力。其中，供给侧管理在2016年可能更加重要，供给侧改革以创新驱动战略为核心，以制度改革为基础，围绕加快培育新动能和改造提升传统动能两个方面，以大众创业、万众创新带动产业转型升级，使更多新产业、新业态、新模式涌现出来，以优胜劣汰、兼并重组、产能输出带动传统产业中过剩产能的去化，使产能过剩产业平稳过冬，迈向产业链高端。

供给侧结构性改革包含5个方面的内容：一是通过改革增加劳动力、资金、土地、资源等生产要素的高效投入；二是通过改革促进技术进步、人力资本提升、知识增长等要素升级；三是通过改革培育企业、创业者、创新型地区或园区、科研院所和高等院校、创新型政府等主体；四是通过改革（如减税、简政放权、放松管制等）激发各主体的积极性和创造性；五是通过改革淘汰落后产业、培育有市场竞争力的新产业和新产品。

2月26日，央行行长周小川在G20会议上表示，目前中国货币政策处于稳健略偏宽松的状态。预计2016年还会有降息降准的措施，以刺激经济企稳回升。周行长还表示，中国经济已进入新常态。经济结构和质量正在改善，经济基本面依然强劲。中国有强烈地愿望，要使股本融资市场有更好的发展。

房地产方面，继央行降低首付比例之后，财政部又下调契税和营业税，楼市利好政策接二连三，旨在引导刚需入市，提振楼市成交量，进而实现楼市去库存。当前，中央与地方政府都在发力楼市去库存，政策宽松大势所趋，未来仍有政策空间。“北上广深”一线城市由于新增土地供应少，库存量不大，去库存压力小，房价比较坚挺，近期上海房价出现大幅上涨，成交量火爆。而二、三线城市过去五年大量开发新楼盘，导致库存非常大，去库存任务依然较重，而房价也出现较大下跌。

整体来看，2016年是中国“十三五”规划开局之年，也是中国经济进入深度调整期和转型期的关键之年，预计经济工作总基调可能仍是“稳中求进”。政策以稳为主，为配合供给侧结构性改革和稳增长需要，宏观调控继续采取“积极财政、稳健货币”的组合概率较大。

总结经验加快区域发展

西安交通大学公共政策与管理学院教授、房地产研究所所长　杨东朗

杨东朗，西安交通大学公共政策与管理学院教授、房地产研究所所长，兼任国家科技奖评审专家、中国土地学会理事、中华建设管理研究会常务理事、世界华人不动产学会理事。

中国经济发展面临的国际经济环境的复杂性、严峻性未变。世界经济增长速度放缓，特别是与我国贸易关系密切的国家和地区GDP增速持续低迷；影响我国出口贸易的增长。主要国家货币政策波动较大，影响人民币对美元等多种货币汇率出现大幅变化，影响我国金融稳定。石油、矿产、粮食等大宗商品价格低位徘徊波动，对我国有关产业产生重要影响。尤其影响我国走出去的战略实施效果。

目前，国内经济发展面临的主要问题，一是经济发展的宏观目标与微观主体的目标不协调不兼容问题突出，例如国家创新战略与产品创新策略的不协调，像汽车工业国产品品牌化。二是部分传统产业产能过剩与高新技术之间的不协调问题突出。三是区域发展不平衡产生的问题。四是支柱产业的定位与变换问题。进入新世纪我国确定了房地产与汽车产业作为国民经济的支柱产业，没有顺应经济发展规律及时调整和变换新支柱产业，造成现在房地产业产能过剩等一系列问题。五是就业压力。六是现代金融体系建设滞后。

2016年是“十二五”规划开局之年，又是实现全面建设小康社会目标的关键节点，国内经济发展面临两大发展机遇，一是对外投资的“一带一路”战略机遇。二是经济发展改革政策红利年，“十三五”规划重大项目启动，区域发展国家战略实施等。财政、金融、产业、收入分配改革、区域发展及国际贸易等经济政策均会支持经济新常态发展。

对于区域发展提出以下政策建议：

第一，加快经济政策体系建设。经济政策体系分为系统性的政策和特殊政策，围绕经济政策目标，中央、省级、市县级政府要加强政策的统一与细化，加强政策实施过程的监测预警、评价与调控。

第二，要总结区域发展政策，改革开放以来我国区域发展政策变动频繁，从东部、中部、西部和东北地区发展战略到高新区、经开区、国家级新区、自贸区等类型多，功能重复，要与新型城镇化建设、城乡统筹、区域产业、交通物流、信息化、农业现代化等综合考虑，提升区域发展的质量。

第三，促进区域之间协调发展。消除不利于发展新理念的各种区域政策障碍，促进区域之间竞争发展，促进人口、资源、资本和技术等要素自由流动，发挥市场配置资源的决定作用，逐步缩小区域之间差距。

第四，切实缩小东部与西部地区教育、医疗、养老和住房保障等方面的公平差距，让人民获得更多发展的福利，改革成果共享。

2016年金融改革重在风险管理

中国社会科学院金融研究所所长助理　杨　涛

杨涛，研究员，博士生导师。拥有中国律师及注册会计师资格。

现任中国社会科学院金融研究所所长助理、产业金融研究基地主任、支付清算研究中心主任。

兼任全球共享金融100人论坛学术委员会副主任、中国区块链研究联盟主任、微金融50人论坛发起人、新供给50人论坛成员、文化金融50人论坛创始成员、中国投资协会理事。

研究领域包括:货币与财政政策；金融市场；产业金融；政策性金融；支付清算。

在2016年经济运行中，金融风险成为不可回避的核心影响因素。例如，据银监会发布的2015年四季度主要监管指标数据显示，2015年四季度末，商业银行不良贷款余额12744亿元，较上季末增加881亿元；商业银行不良贷款率1.67%，较上季末上升0.08个百分点。再如，无论是宏观开放条件下人民币汇率波动带来的潜在风险，还是微观层面上互联网金融热潮中爆发的非法集资，都使防范和释放风险成为供给侧改革的重要环节。实际上，中央近期出台的多项政策，也是以着力防范系统性区域性风险为抓手。

在现代金融活动中，各类金融风险总是如影随形。应该说，金融风险本身并不可怕，关键要相对可控。实际上，风险的积极性与消极性都很突出，需要理性看待。就前者看，一则金融风险是金融市场创新和充满活力的源泉；二则金融风险对金融市场还起着积极的约束作用，以维持交易行为的理性。就后者看，系统性风险和非系统性风险的失控，可能对宏观经济、金融稳定、市场主体都带来严重损害。

对此，首先鼓励创新和控制风险确实可以做到并行不悖，但必须了解“跷跷板”的平衡点在哪里，这就需要各方都跳出“模糊性”思维和“拍脑袋”决策定式，逐渐以数量化的工具来理性认识金融风险、确定真实风险状况，从而既真正提高对潜在风险的重视，也降低对风险的不必要恐惧。其次，我国仍处于快速金融深化与创新的过程中，还有各种体制性的隐形金融风险，加上境外金融影响因素不断增加，以及经济周期波动带来的潜在冲击，使得此时尤其需要注意对系统性风险的防范。因此，要构建金融强国，必须以避免出现金融“亚健康”乃至“病变”为前提，这就需要打造一套系统性、综合性、动态化的“大国金融风险”研判和防控机制。再者，对于各类非系统性风险来说，既需要针对风险本身加以治理，防止其进一步蔓延升级，也需重视“治本”措施。如针对当前互联网金融领域的非法集资风险，除了加强防范和应对措施，也需要着力解决我国改革过渡期特殊风险的产生土壤，包括推动民间金融“阳光化”、加快利率市场化、打通“两多两难”的桎梏等。最后，则是把完善综合性监管体系作为重中之重。正如习近平总书记在关于“十三五”规划的说明中指出，“要坚持市场化改革方向，加快建立符合现代金融特点、统筹协调监管、有力有效的现代金融监管框架”。考虑到新型金融风险往往在监管交叉或空白地带更易积累，因此需努力做到宏观与微观审慎相结合、部门综合与协调监管相结合、监管稳定性与动态适应相结合、中央与地方监管责权相结合、公共部门监管与自律相结合。

高级要素匮乏是2016年经济增长走低的核心原因

中国人民大学公共管理学院　叶裕民

叶裕民，经济学博士，中国人民大学教授、博士生导师，校学术委员会委员，城乡发展与规划中心主任。主要研究方向：城乡发展规划与管理，中国新型城市化，区域与城市经济学。出版专著《中国城市化之路》《中国城市化与统筹城乡发展》《Coordinating urban and rural development in China: learning from Chengdu》《数字化城市管理导论》等，论文百余篇。

兼中国全国高等院校城乡规划学专业指导委员会委员，国家开发银行专家，中国城市经济学会常务理事，中国城市规划学会理事，中国城市规划学会城乡规划实施学术委员会常务副主任兼秘书长，北京市城市经济学会副会长，北京市城市管理学会副理事长、江苏省城乡统筹规划研究基地首席专家、成都市政府顾问，南宁市政府顾问，曾获中国教育部新世纪优秀人才奖、北京市优秀教师、中国人民大学“十大教学标兵”，2014年北京市师德先进个人等奖励。

2016年是我国经济形势严峻的一年，核心原因是持续增长和结构升级的高级要素积累不足。古典经济学把投资、出口和消费作为经济增长三驾马车。波特的国家竞争理论则认为：当一个国家经济发展到工业化中期阶段以后，决定国家经济持续增长的核心动力由低级要素向高级要素转化，人力资本是高级要素的核心，高级要素还包括以人力资本积累为基础的文化体系、公平公正的制度体系。

纵观世界经济增长轨迹，发达国家都是在完成了各自时代最前沿的工业体系之后，进入后工业化时期，服务业成为国民经济主导，中产阶级占主体，经济增速减缓。从产业演进规律看，中国还没有完成工业化过程，还存在有经济持续增长的产业空间，这就是以自主研发为基础的装备制造体系，以及依附于其上的庞大的生产性服务业和现代生活性服务业体系。装备制造业生产体系的建立还将拉动全国各领域产业实现低成本技术进步，进而引领国家产业结构升级，支撑国家经济可持续增长。近十年来，装备制造业作为新兴产业一直是国家扶持的重点，但长期没有得到充分发展，基本原因就在于缺乏波特笔下的高级要素——人力资本。中国具备装备制造业体系发展的市场基础、物质资本乃至基础技术。可谓之“万事俱备，只欠东风”。高端产业需要有与之匹配的高端人来生产，这就是高端企业家队伍和规模更为庞大的高端劳动力队伍，即庞大的人力资本。人力资本积累是中国改革开放以来传统发展方式下最失败的领域，人力资本匮乏是当前中国可持续增长乃至全面建成小康社会的最大障碍。中国人口相当于日本的10倍，美国的4倍，但是根据联合国环境署的统计，中国人力资本仅为日本的40%，美国的13.5%。国家之间的竞争最终取决于国民素质的竞争，提高国民素质和创造力是提升国家竞争力和赢得国家可持续发展的根本性手段。

要广泛促进人力资本积累，需要建构一个秩序三大底线。一个秩序即建立法治社会新秩序，全面实施依法治国，为全体国民提供公平发展的根本保障，为国家建构现代化治理框架。三大底线即民营企业公平竞争底线，非户籍常住人口市民化底线，以及5万人口以上县城和建制镇进入城市发展门槛底线。三大底线将推进国家治理转型，变排斥性的管理制度为包容性治理制度，为广大国民在经济、社会和空间上建构公平发展与上升的通道，这正是十八大以来中央屡次强调的尊重城市发展规律，促进以人为本的新型城镇化发展的核心内容。

城镇化的目的就是“化人”，化传统人为现代人，化简单劳动力为人力资本。真正的城镇化过程就是全体国民公平发展的过程，是人力资本积累的过程，也是为持续升级的产业准备高级生产要素的过程。城镇化是中国现代化过程最大的短板，以“以人为本”的城镇化为抓手，全面促进人力资本积累，是2016年国家缓解经济矛盾的起点。当我国高级要素积累到足以支撑中国高端制造和现代服务体系的充分发展之日，就是中国经济增长企稳回升之时。

聚焦于补中国经济结构之短板乃战略首选

——2016年中国经济形势研判与建议

中共浙江省委政策研究室研究员　于新东

于新东，男，1969年生，研究员（教授）。现供职中共浙江省委政策研究室。自本科至博士后在复旦大学连续求学研究共达13年，其中，1999年复旦大学经济学博士、2001年复旦大学产业经济学博士后。国内知名财经评论员、时政评论员，电视特约嘉宾、项目评审专家、讲座教授、智库专家、专栏作家。“经济形势分析、宏观政策解读、全面转型升级、全面深化改革、区域经济发展、科技创新驱动、特色小镇创建、工业绿色发展、产业经济与政策、发展规划、信息经济、旅游经济、市场化改革、新型城市化、决策参阅成果起草规律与方法”等多领域专家。目前已公开发表300余篇文章，参与和承担多项重大课题，独立撰写多份调研报告，多项研究成果得到中央、省委、省政府有关领导的肯定批示，进入重要决策。

市场具有通过“无形之手”自动调节经济的神奇力量，在笔者看来，时势也具有一只自动调节历史进程的“无形之手”。正是在时势这只看不见的手的调节下，2016年偶然中有必然地形成了中国经济开始真正实现空前挑战转化与战略新机遇开创、增长旧模式扬弃与发展新动能增强、困境逆境见底与发展佳境渐入的历史性交汇。

基于这样的理念，笔者对2016年中国经济形势的总体研判就是，相对于一路上基本行稳致远亦历经大风大浪，然最终都定能风雨后见彩虹的此前中国经济，这一年中国经济的压力挑战无疑最大，矛盾困难无疑最多，痛苦纠结无疑最深，但恰恰是困厄至极之际，无论是说中国经济的蝶变新生也好，还是说再上新台阶、跨越中等收入陷阱也好，笔者认为这些才都能够在2016年看到真正的曙光。因此，从这个意义上，笔者个人倾向于把2016年称作是中国经济在新常态中实现凤凰涅槃，浴火重生的元年，2016年因而注定将以此被载入史册。具体讲，2016年是中国经济的发展方式逐步实现根本性转变的第一年，结构改革逐步实现根本性调整的第一年，质量效益逐步实现根本性改观的第一年。

得出这样的结论，是建立在合规律、摆事实、用数据、讲道理的基础上的。

我们知道，事物的变化发展往往遵循否极泰来的基本规律。经济发展的周期性演变正是这一规律的绝佳注解，经济下行到最低位的时候，一般也就是经济复苏开始之时。具体来看中国经济运行，那些制约持续发展的突出矛盾及困难在2015年基本“粉墨登场、表露无遗”。这就意味着，一方面，该来的困难都来了，甚至不该来的困难也都来了，中国经济应该或者不该面临的内外部困难风险挑战都到齐了，因此说还能再有什么“幺蛾子”呢？另一方面，所有这些困难风险挑战该爆发的爆发了，该见底的见底了，该极限的极限了，即使2015年个别问题还没有发酵透、没有否到极点的话，形象地说，那也只是类似翘尾效应或者滞后影响在起作用罢了，至迟2016年将是其终了时，因此说又能再糟糕到哪里去呢？我看天塌不下来！不仅塌不下来，而且将再见艳阳天。比如说，2015年全年固定资产投资实际增速比上年回落

2.9个百分点，但我们要看到相比2014年底到2015年1～4月几近直线式的增速下降幅度来说，目前的回落幅度在大大减小。再看具有先行指标意义的制造业PMI，2015年8月降至临界点下方以来，近期一直在临界点下方窄幅波动，但12月份制造业PMI为49.7%，比上月高了0.1个百分点。再从人们普遍关注的工业企业利润来看，个别道听途说的关于企业经营极端困难的过分夸大传言，在数据面前根本站不住脚。2015年1～11月份，规模以上工业企业利润总额同比下降1.9%，降幅比1～10月份收窄0.1个百分点。其中，11月份利润下降1.4%，降幅比10月份收窄3.2个百分点。事实上，经济微观层面也正在经历我所谓“苦尽甘来”的U字形向好趋势。

对此，我想用三句著名诗句来通俗形象地描述与上述规律性认识相匹配的中国经济发展的“三境界”。“宝剑锋从磨砺出，梅花香自苦寒来。”这是中国经济历经磨难的第一境界，正是必经这一境界才有了“千淘万漉虽辛苦，吹尽狂沙始到金”的中国经济彻底过滤的第二境界，再站在前面两个境界基础上，中国经济能且定能步入“长风破浪会有时，直挂云帆济沧海”的崭新天地的第三境界，这也就是中国经济实现从“必然王国”不断向“自由王国”飞跃的最高境界。

特别需要强调的是，事物发展虽然具有“过程越痛苦，前景愈美好”的一般规律，但美好果实从来不是天上掉下来的。在充分尊重客观规律的同时，必须全力发挥主观能动性，胜利的果实才会被我们摘得并牢牢抓在手里。如何在2016年尽可能主动地推动并实现中国经济由下行探底而至飞龙乘云从此渐入佳境呢？笔者认为，聚焦于补中国经济结构之短板乃战略首选。由于补短板同样有个轻重缓急之分，因而补短板这一重大战略部署在2016

年的战术应当是重点出击、各个击破，集中力量、围点打援。这就表明，补经济结构短板的当务之急、重中之重的突破口具体就是补供给侧结构之短板。笔者建议，第一，全面深入推进“再市场化”。只有实现更高程度、更大范围、更深层面的市场化改革，供给侧结构性改革才会拥有一个良好经济生态，而这是决定改革能否顺利推行以及关乎最终成败所必备的先决条件。第二，全面深入推进“简政放权”。因为讲供给侧改革，我们必须首先搞明白，到底是谁在供给？从提供产品劳务角度说，无疑的是公司企业为供给方。那么，是什么决定供给的能力与水平、质量与效益？又是无疑的，很大程度是政府的各种行政干预。由是观之，简政放权势所必然。第三，全面深入推进“依法治理”。市场经济从本质之一来说就是法治经济，供需、价格、竞争等市场机制之所以发挥功能及作用，不是自动自发的，而是因为其背后有着坚强而健全的法律法治保障为坚实后盾才得以实现的。因而，供给侧结构性改革同样必须在法治的强大保障下才能站得正、立得直、行得稳、走得远。

既要重视供给侧，也不能忽视需求侧

甘肃省委党校教授　张建君

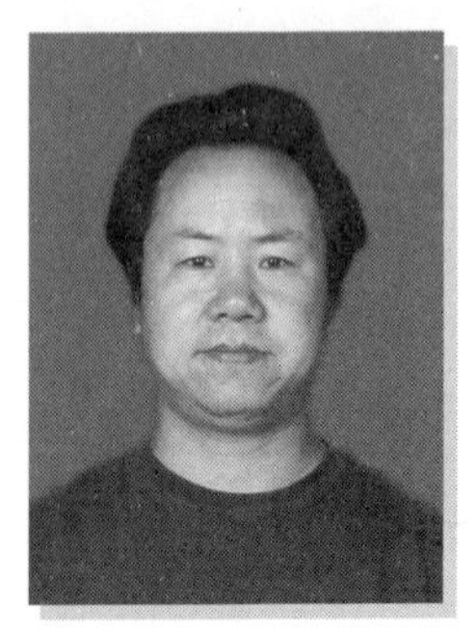

张建君，甘肃省靖远县人，中国人民大学经济学博士，中共中央党校理论经济学博士后（已出站），中共甘肃省委党校经济社会发展研究所所长、教授，陕西省富平县经济社会发展顾问，甘肃卫视新闻评论中心、四川人民广播电台特约评论员，《中国经济时报》"经济观察家"。中共甘肃省委党校人口、资源、环境经济学专业研究生导师组副组长，2013年荣获甘肃省理论界"四个一批人才"称号，甘肃省委讲师团成员。

主要研究方向：马克思主义经济学及社会主义市场经济理论、宏观经济学、转型经济学；出版著作六部：《社会主义劳动价值论》、《马克思主义经济学研究》、《论中国经济转型模式》、《经济发展方式转变——"本土派"与"海外派"的对话》（合著）、《中国经济转型的实践模式及内在逻辑》、《张建君集》。在《人民日报》《光明日报》《理论动态》《学术月刊》《经济理论与经济管理》《中共中央党校学报》等报刊杂志发表论文150多篇，被《新华文摘》、人大报刊复印资料等二次文献全文转载30多篇。独立主持国家课题3项，参与国家课题6项，获省部级社会科学优秀成果奖8项。

2016年，将是我国经济较为艰难的一年。一是产能过剩行业普遍面临着企业经营困难的状态，亏损面正在不断加大，有些企业已经处于停产、甚至破产的边缘，特别是钢铁、煤炭、水泥、电解铝等行业的问题开始暴露，动摇着实体经济发展的基本面。二是以房地产为代表的建筑行业面临去库存的强大压力，一方面是市场价格居高不下，另一方面是有效需求严重不足，员工工资、企业间债务相互拖欠等问题开始暴露，甚至民间借贷与银行借贷相互交织的矛盾较为突出，行业不景气开始蔓延。三是农产品价格持续走低，农产品卖难与农民工无事可干等现象较为突出，精准扶贫切忌形成单方面福利性收入转移机制，要发挥好精准扶贫资金引领农民脱贫的杠杆作用，要把夯实“三农”发展基础与全面提升农民素质、劳动技能摆在第一位，切实帮助农民找到发家致富的新路子。四是以汇率、股市为代表的虚拟经济不稳定趋势加强，特别是人民币对美元汇率的波动态势值得高度关注。五是投资产出效应持续下滑，出口形势仍未得到有效改善，还受到行业不景气的拖累，消费的持续支撑作用需要行业热点支撑，这就使得区域经济增长乏力的现象普遍存在，经济趋紧成为当下显著特点。结合我国本轮经济周期的波动特点来看，经济下行的压力持续加大，新的增长动能显著不足，各地部分下调未来经济增长预期目标，经济延续触底走势就成为必然表现。

2015年，消费对我国经济增长贡献率达到66.4%。经济增长第一动力的作用发挥更加突出，这充分反映了我国经济增长的阶段性特征，可以说标志着我国经济完全进入了高额群众消费阶段。尽管这个阶段在我国带有不均衡、不协调和非常复杂的综合性表现，但我国经济的确面临着成长阶段的转换，告别重化工业所主导的工业化成熟阶段，工业面临着转型升级、结构性调整、向外转移、技术创新瓶颈、主导地位下降等一系列难题与挑战，需要更有质量与效益的生产体系、市场需求成为引领经济成长阶段性转变的主导力量。同时，高额群众消费阶段的来临，意味着我国经济要结合时代特征，在供给侧与需求侧都要采取积极的结构性改革，大力发展以提高人民生活水平与质量为内涵的第三产业。

所谓的“时代特征”，就是“大智E云”与全面小康，前者是技术条件，后者是中国主题。毫不动摇地推动大数据分析、智能化制造、互联网+提升、云计算技术的无界运用，是市场主体与时代同行的不二法门；认真务实地推进全面建成小康社会，要再造农业的发展条件、农村的基础设施、农民的生活条件，如果没有规模巨大的投资来硬化“三农”短板，全面小康的中国主题就有可能掩盖中国社会正在扩大并加剧着的社会分化趋势，重复中国平静衰落的历史周期率。

第一，在供给侧结构性改革方面，要踏实推动传统工业的转型升级，新兴工业的效益突破，三次产业共同转向更有质量与效益的发展道路，提供更能满足消费者需求的市场供给体系，要采取更高的商品认证标准和更为严格的市场监管，让质量主导供给体系结构性改革，坚决淘汰低质、低效产能。

第二，在需求侧动力优化方面，要始终突出投资（货币资本）是发动经济过程持续动力的基础性作用，把固定资产投资保持在一个合理的水平，不断加大对中西部地区、特别是老少边穷地区的投资扶持力度；要不断提高消费水平与消费能力，强化消费品市场监管与质量倒逼机制，创造更能满足高额群众消费阶段的消费品监管体系；结合“一带一路”建设，要不断保持并提升中国产品走出去的质量与效益，把中国企业的需求国际化与生产国际化紧密结合，实现中国企业与产品稳定走出去的新突破。

第三，要切实加大对“三农”的投入力度，全面建设社会主义新农村。在未来五年的经济工作中，要形成“投资‘三农’、就是投资中国未来”的发展理念与思想。要根本性的改造农村的基础设施、全面提升农业的发展基础、农民的生活条件，加大农村生活社区化改造政策扶持力度。

第四，要加大对教育、文化、旅游、体育等第三产业的扶持力度，推动第三产业的大发展、大繁荣。

第五，要采取切实措施应对人民币对美元的汇率贬值态势。人民币急剧贬值所引发的汇率波动有可能掩盖我国经济增长的真实表现，并推动形成较为严重的经济低迷现象。

2016年稳增长的关键在于提高固定资产投资

复旦大学经济学院院长、中国经济研究中心主任　张　军

张军，1963年生，经济学家，现任复旦大学经济学院院长、中国经济研究中心主任。他还担任上海市委决策咨询委员会委员、民进中央特邀咨询研究员等。2015年7月受邀出席李克强总理主持的经济形势座谈会。2015年10月与林毅夫、樊纲一起荣获第七届中国经济理论创新奖。

他是经济学国际期刊 *Economics Systems, Journal of the Asia Pacific Economy, Journal of Pro-Poor Growth, East Asia Policy, China Economic Journal, China Finance Review International*的编委。他在*China Economic Review, The World Economy, Economic Systems, Journal of Asian Economics, Journal of the Asia Pacific Economy, Journal of Chinese Economics and Business Studies*以及《经济研究》《中国社会科学》等著名经济学杂志发表了百余篇研究论文，出版专著和译著超过70 种。最近的著作包括《中国经济研究十篇》（2009）、《不为公众所知的改革》（2009）、*Transformation of the Chinese Enterprises*（Cengage Learning, 2009）、《改革、转型与增长：观察与解释（当代中国经济学家文库–张军卷）》（2010）、《张军自选集》（2013）、《中国经济再廿年》（2013）以及*Unfinished Reforms in the Chinese Economy*（The World Scientific Publishing Ltd. 2013）。

尽管IMF、全球投资者和经济分析师们在2015年下半年以来对2016年中国经济增长率的预测值都比2015年有所下调，但并不排除这些较低的预测值

在2016年上半年被向上修正的可能，而做出这一可能修正的前提是，人们对中国政府的宏观政策转向需求侧形成共识。虽然国内外经济学家对于中国目前是否应该继续坚持供给侧的结构调整政策还是应该转向需求侧存在明显分歧，但几乎可以肯定的是，为了制止经济增长进一步下行并将增长率维持在2016年的6.5%～7%的目标值，宏观政策的重心从供给侧转向需求侧应该是大概率事件。事态的发展越来越清楚，尽管大多数经济学家对凯恩斯主义的需求管理政策多有保留和批评意见，但经济增长持续下行的压力不减，已经开始动摇本届政府早期关于不刺激的承诺。这从春节假期后李克强总理在国务院常务会议上的讲话中可见一斑。

同样可以预料的是，实行类似2008年那样的强刺激计划几乎是不可能的，一是因为上一轮大规模刺激计划遭遇了经济学家至今以来最严厉的指责，中国经济也为此付出了代价，也是因为从中长期来说，政策的重心依然是在以持续改善生产率和配置效率为核心的供给侧，这是有共识的，这也解释了为什么中央政府将2016年的增长率目标值下限确定在了6.5%。因此，从这个意义上来说，2016年中央政府的政策操作将是一个平衡术：在执行调结构和去产能的同时，会适度加大刺激需求的力度。2016年能维持与2015年接近的增长率就是成功。

考虑到消费支出的增长相对稳定，全球经济的复苏乏力等这些因素，而且2016年外部环境不会变得更好，2016年稳住增长的关键无疑是提高固定资产投资的增长率。期待2016年的固定资产投资的名义增长率能从目前约10%提速至15%左右。为此，一方面要进一步宽松货币政策，另一方面，财政政策要更加积极。中央财政支持的公共资本开支将会明显增加，从而增加预算的赤字率。同时，地方政府发行的债券将有较大规模地增长从而为基础设施项目提供部分的融资。房地产投资在2016年也需要有适度的增长，为此，已经开始的鼓励住宅需求和投资的政策也会在2016年继续出台。

从未来五年来说，中国始终需要进行结构的调整来适应经济向中高速增长的过渡。但在这个过程中，保持经济增长率不偏低（相对于潜在增长率）从而防止总需求剧烈而持续下降和通货紧缩的形成至关重要。

加强风险防范，为结构调整创造良好环境

国务院发展研究中心宏观经济研究部研究员　张俊伟

张俊伟，1996～2002年在中国社会科学院研究生院经济系学习，获经济学硕士、博士学位，2002年入国务院发展研究中心工作至今。现任国务院发展研究中心宏观经济研究部研究室主任，研究员。主要研究领域为：宏观经济、财政、金融、产业经济等。曾参与多项发展研究中心中课题研究，公开发表文章多篇，合著出版著作多部。代表作有：《经济体制改革30年：回顾与展望》《我国产业结构变动的趋势、风险和对策》《在放权和约束间建立新平衡——完善政府间转移支付的思路与行动框架》等。

2016年，我国经济增速将延续近年来的持续下行走势，较2015年进一步下滑。原因是多方面的：一是2015年6、7月份的股灾，彻底打消了国内业界对新兴产业接替传统支柱产业、从而拉动经济快速增长的幻想，企业不得不直面经济增速下行和结构调整压力持续加大的客观现实，微观投资决策更加谨慎；二是由人民币汇率波动导致的国内外金融市场剧烈波动充分表明：世界经济进入了风险多发的新阶段。国际环境复杂多变，给中国经济增长带来了新的变数。2016年1月份我国外贸进出口出乎意料下滑，就是一个典型例子；三是2015年我国预算赤字被大规模突破。统计显示，2015年我国财政赤

字为23551亿元（占上年GDP的比重高达3.7%）。超过预算7351亿元，仅此一项，就拉动经济增长约2个百分点。如果计入2015年8月份发行的3000亿元特别金融债券，经济增长对财政的依赖更加严重。而高额的财政赤字显然是难以维持的。

做好2016年的经济工作，需要把握好如下三点：

第一，要顺应客观发展趋势，容忍经济增速下滑。应当看到，在“增长奇迹”向常态增长过渡的转换时期，增长率逐步下降是客观趋势。特别是2015年以来，经历过股灾、汇率大幅波动、年初股价大跌、P2P跑路、泛亚有色金属交易所兑付危机等多个事件冲击之后，社会投资心理已发生显著变化，经济增速下一个台阶更是不可避免。在此情况下，我们没必要通过财政、货币政策来“强托”高速经济增长，事实上我们也是托不动的。

第二，要把化解和防范风险放到更加突出的位置。从“增长奇迹”向常态增长过渡，最突出的特点就是不均衡：经济结构剧烈变动、不确定性显著增加、风险快速积累和释放。因此，加强风险防范至关重要。当前，传统工业、能源工业占比较高的地区增速下滑严重，财政收支矛盾尖锐，一些地方甚至连基本支出的正常增长都难以保障。而上述地区又是化解过剩产能的重点地区。推动企业退出市场、“去产能”涉及社会资本的注销、企业债务的核销、企业职工解除劳动合同和再就业等事项，也有可能带来地方信用风险、银行经营风险的上升，带来社会关系的紧张。因此，必须强化底线思维，高度重视防范财政、金融、社会性借贷风险以及社会风险，牢牢守住不发生系统性风险的底线，为经济结构调整、为经济运行创造良好条件。

第三，要切实加快结构调整的步伐。严重的产能过剩是经济和社会风险的主要来源。在确保不发生系统性风险的前提下，要通过深化供给侧改革，加快企业“去产能”、“降库存”的步伐，使资金、人员从传统产业、过剩产业中转移出来，转移到新兴产业、高附加值行业和服务产业中来，不断提高经济增长的质量和资源配置效率。

2016年中国经济有望结束下行，转为平稳增长

国务院发展研究中心宏观经济研究部研究员　张立群

张立群，男，国务院发展研究中心宏观经济研究部研究员，享受国务院特殊贡献津贴。长期从事宏观经济形势和经济发展战略、规划的研究工作。1984～1999年3月在国家发改委从事研究工作，1999年3月调入国务院发展研究中心。参加了"八五"计划、"九五"计划、"十五"计划、"十一五"规划、"十二五"规划的有关研究或文件起草工作。多次参加中央经济工作会议有关文件和政府工作报告起草工作。

学术论文:

《我国产业结构矛盾再认识》，载《经济研究》，1992年第四期。

《论我国经济增长方式的转换》，载《管理世界》，1995年第五期。

《把握经济转机，推动经济转型》，载《求是》，2001年第二期。

《2012年经济形势分析与政策建议》，载《经济学动态》，2012年第四期。

著作文献:

《买方市场下的经济运行和宏观调控》，主编，中国计划出版社2000年版。

《加快转变经济发展方式》，合著（第一作者），人民出版社2010年版。

2016年世界经济预计将继续呈现弱复苏的增长态势。受美联储加息、资本外流和相关改革滞后的影响，新兴发展国家经济增长仍存在较多不确定因素，经济恢复势头脆弱。美国经济预计将继续缓慢恢复，欧洲经济回稳态势预计比较明显，日本经济困难有所增加。从国内情况看，在2012年以来稳增

长政策措施的累积效果，以及多项积极因素不断发展的基础上，中国经济增长将触底企稳，GDP全年有望实现略高于7%的增长，经济结构调整和改革步伐加快，“十三五”将实现良好开局。

第一，出口可望结束负增长。

尽管世界银行和国际货币基金组织（IMF）调低了对中国经济和全球经济增长的预测值，但一致认为2016年美国经济恢复仍然是一个亮点，欧洲经济尽管困难仍然较多，但仍然会保持恢复性增长；新兴经济体正在进行结构调整，增长水平预计有所降低，分化趋势明显。综合看，2016年世界经济仍呈继续恢复态势。在这一形势下，综合考虑国际贸易保护抬头，国际市场竞争加剧，我国出口企业综合竞争力水平提高等因素，预计出口可望结束负增长。

第二，投资增长将大体趋稳。

2016年投资增长率预计为11%左右。首先房地产投资增速回落态势将结束。与城镇化进程特别是以人为中心的新型城镇化联系，预计大城市房地产市场销售将保持平稳增长，房地产去库存活动效果逐步显现，中小城市房地产销售也会有所好转。在这些因素支持下，预计房地产投资增速在下半年将底部回升。新型城镇化、“一带一路”建设等，预计将推动基础设施投资水平稳中有升。在市场需求拉动和过剩产能加快调整的支持下，预计制造业投资增速稳中趋升。综合分析，全年投资名义增长预计在11%左右。

第三，消费继续保持平稳增长。

2016年消费实际增长率预计为10.5%左右。近年来保就业的政策效果比较明显，尽管过剩产能调整和困难企业退出会对局部就业产生冲击，但总的就业形势预计仍将比较平稳。此外房地产市场恢复平稳增长、汽车市场预计也会出现阶段性恢复，其对消费的负面影响预计会转为正面支持。综合这些情况，预计2016年消费实际增长率为10.5%左右。

综合需求因素分析，预计2016年经济增长率略高于7%，CPI涨幅在2%左右。综合以上分析，预计“十三五”第一年经济将结束下行，保持平稳增长。

2016年外贸趋势忧喜并存

商务部研究院电子商务研究部副主任、研究员　张　莉

张莉，商务部研究院电子商务研究部副主任、研究员，经济学博士后，部分地方政府决策咨询顾问。曾任商务部研究员对外贸易研究部副主任、综合战略研究部副主任，主要从事电子商务、国际贸易、中国对外开放等领域的研究工作。主持及参与省部级课题60多个，包括《培育中国对外贸易竞争新优势研究》《我国跨境电子商务发展战略研究》等，部分课题获得国务院领导批示，部分课题相关成果已转化成国家政策及文件。已出版《入世十年中国对外贸易监测报告》《新世纪以来的中国对外开放》《穿迷彩服的世界经济》等专著，发表文章100多篇。

虽然2015年12月的出口呈现正增长，但很大一部分原因还是企业在年终提前交割的季节性因素，2016年春节前后，外贸企业停工的现象会比较普遍，年初下行态势仍会持续。WTO预测，2016年，全球贸易量增长3.9%，预计2016年中国外贸增长会持平或略好于2015年，乐观估计能与全球贸易增长持平，但如果不从根本上解决外贸发展的痛点和制约因素，则很难摆脱外贸发展困境，外贸下行的趋势还将进一步延续。

外贸面临的国内外形势依然严峻。2016年，国际市场需求增长乏力、大宗商品和原材料价格下跌、进口需求下降、要素成本持续上升等仍会成为外

贸下行的主要影响因素。TPP签署后对中国外贸企业的排斥效应可能会有所显现，人民币汇率的波动会影响企业决策，中国外贸企业面临的国际国内竞争依然激烈。

外贸短板的制约短期内难以改变。中国外贸的短板突出体现在四个方面，一是进口产品缺乏定价权和话语权，致使中国出口产品基本处于价值链底端，而进口产品的价格并非由买方决定而是由卖方决定，所以，中国贸易进出口虽然具有一定的价格优势，但定价权则完全不由中国企业决定；二是品牌产品缺乏，长期以来，中国主要以加工贸易为主导，自有品牌的培育和打造能力较弱，这就使得中国产品难以在国际市场上获得竞争优势；三是产品难以满足市场个性化需求，国际市场对产品个性化的需求愈加突出，定制型贸易对大部分本来就缺乏创新能力和自主知识产权的中国外贸企业成为一个难以跨越的门槛；四是高端制造业生产能力低和商贸流通的国际化水平弱皆成为外贸质量和效益难以根本提升的瓶颈。因此，弥补外贸短板需要生产、流通、消费各环节的协同运作，并非仅靠外贸企业和外贸管理部门的努力就能达成。

新型商业模式引领外贸增长。互联网将制造业推进到“工业4.0”时代，通过充分利用信息通讯技术和网络空间系统，形成 “生产+网络+服务”的制造业发展新模式，并催生了跨境电子商务等国际贸易方式的创新。跨境电子商务、市场采购、外贸综合服务等新型商业模式正逐步成为中国外贸发展新的增长点。2015年，跨境电子商务增速高达30%以上，市场采购贸易方式出口增速超过70%，一达通等综合外贸服务企业的一站式服务降低了外贸企业约20%的运营成本，预计2016年，以创新为驱动力的新型商业模式对外贸带动作用会进一步显现，其引领的不仅是贸易规模，更是贸易理念和贸易方式的变革。

跨境电商助推转型。通常，跨境电子商务发展快的国家，其国际贸易的增速也快于其他国家。跨境电子商务的活跃彰显中国外贸的优势仍存，包括市场优势、产业链优势、供应链优势等。虽然目前来看，跨境电子商务占外贸中的比重还不够高，对外贸的拉动作用并不明显，但长期来看，跨境电子商务以消费者为导向的发展理念，灵活创新的发展模式，以及以跨境电商为核心的产业链和供应链协同发展优势等都将引领中国外贸传统发展方式的转型。

经济运行在合理区间，结构性改革需加大力度

国家行政学院经济学部主任、教授、博士生导师　张占斌

张占斌，国家行政学院经济学教研部主任、新型城镇化研究中心主任。一级岗教授、博士生导师。中国公共经济研究会常务副会长，国家社会科学基金经济学评审组专家。中国国际经济交流中心学术委员、中国（海南）改革发展研究院学术委员等。长期承担省部级领导干部和厅局级公务员各类班次，以及港澳班和各类涉外班次等教学任务，多年围绕改革红利释放、经济转型升级、新型城镇化等重大问题研究。主讲的“新型城镇化与国家变革”，获学院首届精品课奖。主持国家社科基金重大项目、中央财经领导小组、中央办公厅、国务院办公厅等省部级以上委托课题30余项。参与国务院总理交办的重大课题研究，两次获学院特等奖和特别奖，著作和文章分获过学院科研成果奖。咨询方面，先后参与党的十八大、国家“十二五”规划、“十三五”规划前期重大课题研究工作，参与中央经济工作会议、中央城镇化会议文件准备，多次参与国务院领导重要讲话起草，有20多篇咨询报告获得中央领导的批示。多次受中央电视台、人民网等重要媒体采访，就十八大、三中、四中、五中全会、中央城镇化工作会议、中央经济工作会议、政府工作报告精神以及第三方评估情况进行解读，受到各界好评。

2015年以来，全球经济不确定性增多，外部环境复杂性增加，国内经济下行压力持续加大，党中央、国务院牢牢把握改革发展主动权，科学统筹稳增长、调结构、强创新、控风险、惠民生各项政策，全年经济增长形有波

动，但势仍向好，国民经济运行总体稳中向好、稳中有进、变中有新、变中有突破，实现了“四个中高”。

一是经济保持中高速增长。根据国家统计局公布的数据，初步核算，2015年全年国内生产总值达到67.67万亿元，按可比价格计算，比上年增长6.9%。分季度看，一季度同比增长7.0%，二季度增长7.0%，三季度增长6.9%，四季度增长6.8%。虽经济增速“破七”，但6.9%的增速，在全球主要经济体中依然“一枝独秀”。

二是经济结构迈向中高端水平。2015全年第三产业增加值占国内生产总值的比重为50.5%，比上年提高2.4个百分点，高于第二产业10.0个百分点。同时，需求结构进一步改善，全年最终消费支出对国内生产总值增长的贡献率为66.4%，比上年提高15.4个百分点。尤其是“中国制造2025”的加快推进，三维（3D）打印、移动互联网、云计算、大数据、生物工程、新能源、新材料等领域的变革，助推中国经济结构迈向中高端水平。

三是经济质量瞄准中高级方向。2015年全年单位国内生产总值能耗比上年下降5.6%，尤其是在钢铁、水泥、电解铝、平板玻璃、船舶等行业产能总量逐步向市场需求和环境承载力方向靠拢，资源综合利用水平明显提升。全年新增城镇就业人口超过1200万人，随着“双创”的引领，我国经济运行实现了就业总量和质量的“双提升”。

四是经济福祉稳居中高收入行列。2015年全年全国居民人均可支配收入21966元，比上年名义增长8.9%，扣除价格因素实际增长7.4%。其中，全国居民人均可支配收入中位数为19281元，比上年名义增长9.7%。以GDP为67.67万亿元进行核算，我们的人均GDP水平已经超过7800美元，按照世界银行的标准，稳居中高收入行列。

但同时应看到，我国正处于结构调整和转型升级的关键时期和攻坚阶段，推动结构性改革的困难和挑战不断凸显。既要保持经济增速在合理区间，更要关注就业、收入、环境等事关发展质量效益和民生质量的指标。2016年虽然会面临更多的新问题和新矛盾，但只要牢牢落实中央各项稳增长的措施，有序推动供给侧结构性改革，经济增长能够稳定在6.5%～7%区间，可能在6.7%～6.8%左右。

当前，国际经济形势复杂多变，美国金融危机的负面影响还在加深，一些国家爆发经济危机的风险依然存在。2016年作为我国“十三五”的开局之年，在巩固现有的“四个中高”成果基础上，通过牢固树立和贯彻落实创新、协调、绿色、开放、共享的发展理念，实行宏观政策要稳、产业政策要准、微观政策要活、改革政策要实、社会政策要托底的总体思路，力争保持经济运行在合理区间。从具体策略上看，在适度扩大总需求的同时，要更加注重供给侧结构性改革，推动去产能、去库存、去杠杆、降成本、补短板，提高供给体系质量和效率，提高投资有效性，加快培育新的发展动能，改造提升传统比较优势，增强持续增长动力，推动我国社会生产力水平整体改善，努力实现“十三五”时期经济社会发展的良好开局。

2016：以扩张需求为主导，兼顾需求管理与供给管理

北京香柏领导力机构主席、首席经济学家　赵　晓

赵晓，经济学家，曾任国家经贸委研究中心、国资委研究中心宏观战略部部长、北京科技大学教授，博士生导师；北京大学经济学博士；哈佛大学等多所大学访问学者；万达院线等独立董事；长期被认为是中国大陆目前最活跃、最有影响的青年经济学家之一，并被《南方人物周刊》评为“我们时代的青年领袖”。

研究方向：宏观经济与产业发展、经济与管理伦理、国企改革、企业成长以及政策分析。在通货紧缩问题上，于1998～1999两年内在《经济研究》发表四篇文章，从趋势到政策均做出精辟的分析，直接影响了当时宏观政策取向的调整；2002年，“中国经济增长的真实故事”一文由朱镕基总理批转国务院经济学家会议参阅；2002年，“有教堂的市场经济有无教堂的市场经济”一文成为中国第一篇从信仰、伦理角度比较不同市场经济并探讨中国市场化转型的文章！

科研项目：主持国家自然科学基金会“国家综合改革试验区”；参与国家自然科学基金会“通货紧缩与反通货紧缩研究”项目；主持商务部“人民币汇率对中美贸易的影响”、“扩大内需战略”等研究项目；主持中国广东核电集团“企业核心竞争力”、中国建设银行“人民币汇率波动与风险防范”课题；参与主持中国移动集团“核心竞争力”课题等。

2016年，注定是世界经济震荡不已的一年。相比1997年的亚洲金融危机以及2008年的美国金融危机这两场外部危机的冲击，当前的中国经济正面临着内部、外部需求扩张不足的考验。

2007年美国次贷危机引发了全球金融海啸。危机暴发后，美国不遗余力地刺激经济回升，中国更是以4万亿保增长，各国也都大举扩张。但很少有人注意到，全球经济总需求不足的状态并未因政府经济刺激而改变，全球潜在增长率失去了约1.5个百分点，且从未也似乎再也找不回来了。

2016年，面对总需求不足，中国政府应该杜绝一切犹豫，全力扩张需求，兼顾供给侧改革管理与需求侧扩张管理，但应该以需求侧扩张为主。

财政政策要更加积极。2008全球经济危机以来，中国政府的赤字率控制在3%及以下，即使在反危机最积极的2009年，实际的赤字率也只有2.79%。2016年，赤字率突破3%应该是可行的。

结构性减税："营改增"属于全面减税措施，完成后预计可以减少9000亿左右的税负，目前以为企业减轻3000亿~4000亿左右的税负，未来仍有6000亿左右减税空间，要加紧实施。另外，目前我国养老保险缴存比例高达28%，而在发达国家如美国仅有14%，主要是由于之前没缴纳的部分退休员工现在仍可以领取养老金，导致在岗员工的缴存比例过高。若拿出15万亿国有资本，按照社保基金平均投资回报率8%计算，每年有1.2万亿投资收益可补充养老预算，这样养老保险的缴存比例可降低到15%左右水平。

还要创新地方政府融资模式：对于地方政府面临的巨大的融资缺口，给予地方政府新的融资方式的便利性，对企业债、短融、中票等传统融资方式不能一刀切。对于地方的存量债务在一个较长的过渡期内允许继续通过借新还旧的方式缓解风险，加大PPP等政府融资新模式的规模。

货币政策也必须转向稳健性积极，核心是创新货币政策工具，保证货币扩张的传导。因为传统的货币政策已经难以满足央行支持结构调整的目标。

对于供给侧改革，其实质就是增加要素的投入数量和提高要素的使用效率。笔者赞同供给侧改革管理的理念，但总需求扩张应该是主导和关键。只有以扩张需求为主导，同时兼顾需求管理与供给管理，中国经济才能应对考验。

供给侧改革重点要放在培育中长期发展动力上

中国银行国际金融研究所高级研究员　周景彤

周景彤，北京大学经济学博士，现任中国银行国际金融研究所主管、研究员。从事经济金融与政策、投资、房地产等领域的分析研究工作。曾在国家信息中心经济预测部工作，吉林省汪清县挂职。

多次主持和参加OECD、中财办、国家发改委等委托的重大课题研究；出版著作9部，在《人民日报》《宏观经济研究》《国际金融研究》等全国重点学术刊物和报刊上发表论文100多篇。多项研究成果获国家发改委、中国金融教育基金会、中国银行业协会优秀科研成果奖，多份研究报告获得中央领导批示。

多次受邀为中国联通、中石油、中海油、中国航天科工集团、鞍钢集团、北京大学等多家企业和高校做经济金融专题演讲，与新华社、人民日报社等重要媒体保持良好的合作关系。

2016年是“十三五”规划的开局之年，也是全面建成小康社会决胜阶段的第一年。总的来看，中国经济长期向好的基本面没有改变，物质基础雄厚、人力资本丰富、市场空间广阔、区域经济呈现新亮点，“一带一路”建设、京津冀协同发展、长江经济带建设三大战略效果显现。

与此同时，中国经济正在进入新常态，正处在阶段更替、模式重建和风险释放的关键期，诸多矛盾叠加、风险隐患增多的挑战依然严峻复杂。预计

2016年中国经济将继续呈现“两低”（低增长和低通胀）特征。未来，中国经济发展将出现一些新变化、新趋势，值得特别关注。

一是经济可能进入一个“L”型增长阶段。全球经济弱复苏，中国对外贸易面临不小的困难与挑战，“三去”（去产能、去库存、去杠杆）任务较重，企业盈利状况短期难以改善，占GDP盘子比重较大的煤炭、钢铁、水泥等传统行业增长放缓甚至负增长，中国经济下行压力依然存在。同时第三产业和最终消费对经济增长的贡献越来越高，一些新兴产业、业态正在培育，增长较快；实现两个“翻番”以及全面建成小康社会目标，未来五年经济增长率需要保持在年均6.5%以上。所以中国经济继续走低的空间和可能性在减小。在新常态下，中国经济可能会经历一个“L”型增长阶段。

二是新的经济增长动力正在孕育。新旧产业、业态和动力的此消彼长和分化切换态势明显。符合转型升级方向、有助于可持续发展的行业增长快速，如废弃资源利用、化纤化学制造、电子设备制造、医药制造、现代服务业、运输设备制造等，许多行业仍然实现了两位数增长。这些行业孕育着新能源、新材料、信息消费、医疗健康、高端装备等经济增长新动力，未来仍有望保持较快增长。2015年，高技术产业增加值增长10.2%，比规模以上工业快4.1个百分点。与此相反，那些“三高一低”（高投入、高消耗、高污染、低效益）、产能过剩、库存太多或者受大宗商品价格下跌冲击的行业增长较慢。

三是区域经济增长分化态势明显。经过多年艰难的转型和调整，大部分沿海省份经济保持稳定，GDP增长8%左右甚至更高，如广东、浙江等省区比上年还有所加快。“一带一路”、京津冀一体化、长江经济带三大战略效果初步显现。一些中西部省区经济转型比较顺利，新旧动力加快切换，经济保持了较高增长，如重庆、贵州增长在两位数以上，江西、湖北、湖南增速也都高于8.5%。这些省区相比东部地区，拥有后发优势，在承接产业转移、推动创新发展上较快地找到了新动力，将逐步明确在区域发展格局中的位置，有望继续保持较快增长。但东北、山西、河北等资源能源、重化工业地区经济运行比较困难，转型压力巨大，经济增长缓慢，如辽宁、山西两省增速不到3%，短期内还难以实现快速增长。

中国“十三五”规划建议提出了创新、协调、绿色、开放、共享五大发展理念，并且中央经济工作会议提出2016年要在适度扩大总需求的同时，着力加强供给侧结构性改革。之所以提出供给侧结构性改革，主要是因为当前中国经济周期性矛盾和结构性矛盾并存，但主要矛盾已转化成结构性问题。从供给侧看，中国经济结构过“重”、过“旧”，供给结构水平太低且升级步伐迟缓，与不断升级换代的需求结构不匹配，供求结构错位问题日益凸显。推动供给侧结构性改革，主要就是用改革的办法推进结构调整，减少无效和低端供给，扩大有效和中高端供给，增强供给结构对需求变化的适应性和灵活性，提高全要素生产率。

供给侧改革重点要放在培育中长期发展动力上，即解决经济中长期持续发展问题。一是推进经济结构调整，培育壮大战略性新兴产业，推动传统产业向中高端迈进，有序淘汰落后产能和化解过剩产能，加快发展现代服务业。二是要提高产品质量，打造“中国品质”，把提升产品质量作为提高竞争力、扩大消费、促进升级的重要抓手。三是鼓励创新，加快完善以企业为主体、市场为导向、产学研相结合的技术创新体系，营造有利于激励创新的制度环境，加强对产权特别是知识产权的保护。四是加强和改善民生服务，结合现代生活需求变化，着重在医疗、卫生、养老等短板领域，规范秩序、激发市场活力、增加供应和提高服务质量。

坚定不移地推进结构性改革

中国社会科学院工业经济研究所研究员　周民良

周民良，1963年1月生，陕西周至人，中国社会科学院工业经济研究所研究员，西北大学兼职教授，中国社会科学院西部发展研究中心副主任，博士生导师。曾经在西北大学、天津师范大学、中国社会科学院研究生院学习，先后获得本科、博士学位。在学术研究领域，主要从事区域创新、区域经济、区域可持续发展和制造强国建设方面的研究。曾在包括《中国社会科学》《管理世界》《人民日报》《光明日报》等报刊上发表论文400余篇。近期主要关注：一带一路、京津冀协同发展、制造业竞争优势与政策等方面的热点问题。

2015年底的中央经济工作会议指出，要加大结构性改革的力度，这是党中央做出的重要决策。

推动重点经济领域的改革，是许多一线重要经济学家的共同意愿。吴敬琏先生痛心于经济发展方式没有根本性转变，主张积极推进改革；刘鹤先生在研究各国教训后指出，危机发生前过度放任自流的政策和过度投机的社会心理，导致最终危机的发生，主张推进结构性改革；楼继伟先生指出，越推迟结构性改革，越侵蚀政策性空间，最后就不得不站在悬崖边上。笔者对上述论断深以为然。在解决资源市场错配方面，相关重点问题和关键问题在各年度政策性文件中一再提出，需要科学设计、细致规划、突出重点、整体推进。当下不可持续性问题沉疴深重，经年累月，不改革会出现危机，改革才能有转机。改革可能带来短期阵痛，但如果动大手术辅之以对冲性的配套政策，会减小阵痛实现软着陆。经济新常态正是理顺各类经济关系和推进改革的好时机。一旦有效清除市场扭曲、资源错配的制度基础，政策和市场会引导创新驱动接力资本驱动，衔接起可持续性增长的机制转换。

实施重大改革决策措施需要杰出的决策层。纵观中外历史进程的改革决策层，青史留名者寥寥，昙花一现者众多。改革过程是栽桃树而不是摘桃子，是修路而非挖坑，是进取而非守成。历史上的大成就者都有天下为公的胸怀，嫉恶如仇的勇气，善于集中战略思维、战略手段、战略资源解决重大问题和关键问题，并锲而不舍化腐朽为神奇，从而带来时间序列的长期外溢效应，从而为后世的执政者和学术界景仰。习近平总书记指出，在深化改革啃硬骨头方面，“畏葸不前不仅不能前进，而且可能前功尽弃”。笔者相信，在纠正市场扭曲、资源错配的改革方面，党中央会采取积极果断措施，有步骤分阶段地清除重大体制机制政策障碍。

笔者这里提出结构性改革的一个新领域，就是规范和界定资本的势力范围。在现代市场经济各国，相关政策和法律都强调国家公器服务于公共利益。但因为缺乏严格约束，不少国家资本势力的扩散严重侵蚀公共利益。人们看到，当资本介入公权力时，权力拥有者就会沦为资本的奴隶；当资本介入媒体时，媒体就会成为资本的喉舌；当资本介入学术领域时，就会出现扰乱视听的奇谈怪论。当整个社会为资本势力控制后，改革的成就可能得而复失，成功国家也会走向失败。笔者一直认为，公共政策领域的改革是中国最重要的改革。中国共产党是一个具有丰富改革经验的政党，有维护党的先进性纯洁性的历史传统，有能力有胆识推进界定资本势力范围的改革，确保资本不会大摇大摆乃至“翻墙”到公共政策学术研究、舆论宣传、措施出台等公领域寻租，确保政策管理队伍不出现“房”市长、“房”县长，夯实固本安邦实现中国梦的社会基础。

积极应对经济面临的五大挑战

中共中央党校国际战略研究院副院长　周天勇

周天勇，1958年10月出生，中共中央党校国际战略研究院副院长，北京科技大学东凌经济管理学院兼职教授、博士生导师，中国城市发展研究会城市研究所所长。主要研究方向：社会主义经济理论、国际战略、宏观经济、经济发展和增长、劳动经济、金融风险、城市经济、农业经济、行政和政治体制改革、财税体制、土地和住宅等。曾多次承担国家经贸委、发改委、科技部、工信部等国家部门委托的重大课题，并在《经济研究》《管理世界》《中国工业经济》及其他重要学术期刊发表论文多篇。近年来主要代表著作有《攻坚：中国政治体制改革研究报告》（与王长江、王安岭合著）、《中国向何处去》、《中国梦与中国道路》、《艰难的复兴——中国21世纪国际战略》等。

2016年是我国"十三五"建设时期的开局之年。2015年我国经济面临的下行压力较大，2016年依旧需要完成经济的探底过程。总体来看，2016年我国经济乃至整个"十三五"期间，面临着以下几个方面的压力和挑战：

挑战一：人口增速下行导致经济下行压力较大。

由人口增长放缓、人口低生育率导致的少子化与老龄化，对我国经济增长影响最大，占到本次经济下行50%～60%的权重。如果按照1995～2010年的人口增长率来推导，2015～2030年的经济增长率将从7%一直降到1%多，且“十三五”期间降幅最大。由于“十三五”期间人口将是一个陡坡式的下降，相应的经济增长率可能下降到3.5%左右，而要完成到2020年全面建成小康社会，国内生产总值和城乡居民人均收入比2010年翻一番的任务，今后五年的GDP增速又不能低于6.53%，这是我们面临的最大、最严峻的挑战。

挑战二：中国参与国际竞争面临诸多不利因素。

随着中国越来越紧密地融入世界经济，今后我们将面临更加严峻的国际竞争格局，概括起来主要包括两方面的问题。一方面是实业、投资及服务业消费的外流，目前我国的教育、旅游、医疗健康和技术等服务逆差达4000亿美元左右；另一方面是我国在“走出去”的过程中与其他大国相比，在文化、组织、制度等软实力方面相对处于弱势。如果不采取措施，2016年可能会有大规模的资金流出，但是国民净收入回流不理想，在外形成大量的烂尾、赔本项目，得不偿失。

挑战三：重大关键改革任务能否按时完成。

党的十八大、十八届三中全会提出了改革的时间表，即到2020年各项制度要基本定型，也就是说，在“十三五”期间，各项改革要基本上完成。然而现在来看，相当多的重大关键改革任务在“十三五”期间能否完成是一个重大挑战。

挑战四：技术创新及产业化的不足使弯道超车难度加大。

现在，中央提出要推进“大众创业、万众创新”，然而在创业创新方面，我们面临着国际竞争、改革迟缓与转型困难的挑战。“十三五”期间能不能进一步通过加快科技体制改革激发创新活力，推动科技创新，实现大踏步弯道超车，在很多关键领域赶上西方发达国家，还是有一定难度。

挑战五：产业升级与经济结构调整面临困难。

就2016年而言，产业升级与经济结构的调整中最重的任务来自传统产能的调整，而其受到“人往哪里去、钱从哪里来、需求在哪里”三大问题的制约，而且许多传统产业国有企业居多，国企尤其是央企的转型调整和改革如何推进，同样面临上述三个问题。

政策建议方面，首先，建议密切关注放开二孩的政策的效果，如果不理想，应当全面放开自主生育、适时转向鼓励生育的政策；其次，从供给侧短期内应考虑通过各种措施给企业降成本、提升盈利空间，从而促使企业增加雇佣和扩大生产；再次，通过鼓励并购、重组、优化的方式来调整产业结构、促进产业升级；最后，推动国企改革、财政体制改革和金融改革，推动改革重大关键任务的进展。

2016年中国经济形势或将在底部徘徊

国家信息中心经济预测部高级经济师　朱　敏

朱敏，男，1972年8月出生，高级经济师，2000年研究生毕业后一直在国家信息中心经济预测部从事宏观经济、区域规划、发展战略、新能源等方面的研究工作。2005年10月～2006年11月在国家发改委综合司工作，参与国家发改委季度经济形势分析讨论，部分观点、建议被国家发改委和其他有关单位采用，为宏观调控提供了一定的决策支持。先后参加了国家有关部委、地方政府及国家自然科学基金、社会科学基金委托的20多项课题研究，部分课题获得国家发改委、国家信息中心等部门课题研究优秀成果奖，并被有关决策部门采用。在各类报刊杂志上发表各类文章数百篇，多次接受有关媒体和记者采访，数次对经济发展趋势作出了准确预测和判断。

现在大家对2016年中国经济的关注点主要集中在何时见底以及见底后的走向上，从目前经济现状及统计数据看，基本可以确定的是经济已经步入下行周期，但何时见底则存在较大变数，取决于国际经济走势、体制改革力度、技术创新进展以及政策能否得到落实等方面，从历史经验看，政府政策能够一定程度上延长经济景气周期、减缓衰退周期，但无法从根本上改变经济周期的总体趋势，在现有技术没有出现重大突破的情况下，经济要完全走出衰退、步入新一轮增长周期的可能性极小。中国经济今后难以再找到像过去房地产、汽车、钢铁这样体量较大的主力产业群，一些战略性新兴产业，如互联网、新能源等，如果做得好的话，可以降低成本、提高效益，提高经济增长的质量，但是对扩大经济规模、提高GDP增速作用有限。2015年全年国内生产总值比上年增长6.9%，创下近25年来的新低，预计未来几年中国经济很可能继续在底部徘徊，甚至出现衰退有所加剧状况。

然而，应当看到，目前我国经济步入新常态，能够拉动经济增长的新的积极因素也在不断积聚，客观上能够起到延缓经济进一步衰退、促进经济良性发展的作用。因而，那种认为我国经济将出现硬着陆、甚至恶性经济危机的观点也是有失偏颇的。2016年整体而言，宏观经济继续下行，但是有底，估计全年增长6.5%左右。

首先，经济下行压力之下，稳增长政策将显著加码。从目前地方两会和交通工作会议传出的信号看，2016年各地稳增长政策将显著加码，推动实体经济企稳回升，基建投资将是主要发力点，全年基建投资实际增速有望超预期上行。除轨道交通、高速公路外，海绵城市、综合管廊等领域将成为基建投资的重要方向。根据陕西、江西、河南、福建、安徽、江苏、河北、浙江和四川等9个省份发布的2016年重点项目投资计划，其总投资规模超过14万亿元。

其次，交通运输投资对经济的拉动效应有望进一步提升。各地“十三五”交通运输计划投资规模明显高于“十二五”，如浙江省“十三五”时期交通计划投资1万亿元，这较“十二五”增加近七成；而湖南省“十三五”期间的投资规模则较“十二五”增长超过七成。交通运输投资扩大一方面可以改善居民消费环境，拉动消费增长，如广东、浙江等东部发达省份致力于畅通都市圈、城市群的内部通道。另一方面，交通投资对于地方稳增长起着重要作用，数据显示，“十二五”期间，陕西省交通投资对全省经济增长直接贡献率超过6%；对于河南省，这一贡献率达3.3%，该省提出“十三五”期间继续保持3.3%以上。

最后，在传统消费市场遇冷同时，新兴动能正在崛起。2015年，以内燃机为主要驱动力的传统汽车产业承受着较大的增速下行压力，近2460万辆车的销量，虽然同比仍增长4.7%，但增速比2014年下降2.2个百分点。然而，2015年新能源汽车生产34万辆，销售33.1万辆，同比分别增长3.3倍和3.4倍，成为我国经济转型发展的新亮点。在空气污染等现实压力下，以电动车为代表的新能源汽车还有非常大的成长空间。在人口结构和消费倾向变化下，旅游、体育、文娱、美容、智能电视、智能家居等消费将在2016年实现快速增长。

2016年结构性改革势在必行

中国社会科学院城市发展与环境研究所副研究员　朱守先

朱守先，任职于中国社会科学院城市发展与环境研究所，副研究员，理学博士，经济学博士后，研究方向：可持续发展经济学。

2016年是“十三五”规划的开局之年，也是国家全面建成小康社会规划的关键之年。1978年改革开放以来至2015年的38年间，经济平均增速为9.72%，只有1981年、1990年和2015年经济增速在7%以下，有16个年份经济增长率在10%以上。中国经济总量在世界的位次由1978年第11位上升到2009年的第2位，中国占世界经济总量的比重由1978年的1.74%上升到2014年的13.3%，中国30多年来的经济增长成为全球经济发展的最大亮点。

进入新时期，在全球经济发展背景下，经济发展面临战略性转型，主要依靠投资和出口驱动的发展发展模式需要转向做好国内文章，特别是国内消费市场的科学培育。

另一方面，中国经济发展区域不平衡现象尤为突出，广大中西部地区由于自然条件较差，人文环境不健康，导致科技力量薄弱，经济发展滞后。以西北地区的甘肃省为例，2015年甘肃省人均经济总量位居全国末位，经济总量不足上海的30%，地均经济总量仅为上海的0.38%。究其原因，一方面取决于资源禀赋和区位条件，另一方面主要在于经济结构和发展质量存在显著的差异。

从全国范围分析，2016年中国经济仍将稳定发展，然而以下结构性改革势在必行。

第一，经济发展的主要引擎是科技和人才。然而，长期以来，全国科技力量和人才在改革开放以后有加速向一线城市聚集的趋势，而且随着经济发展，趋势愈加显著。以中部地区的一个省份为例，科研机构和高校主要集中在省会城市或向省会城市逐步转移，一般地级市高端人才和科研力量薄弱。对北京和上海等一线城市而言，大城市病尤为突出，根据国际经验，顶尖科研机构和高校分布在内陆边远地区，同样可以做出国际一流成果。2015年北京市共有58所普通高校和80个科研机构培养研究生，在学研究生28.4万人，全市90所普通高等学校在校生59.3万人，成人本专科在校生20.4万人，合计108.1万人，全市研究与试验发展（R&D）活动人员35.5万人。近150万的科研人员和高校学生规模，加上服务机构和配套服务设施，无论在任何国家都可以建成一座超大城市。

因此，2016年应该加速科研力量与人才的区域性调整和再布局，特别是向广大中西部地区增强科研和人才力量，是全国实现一盘棋发展的重要战略。

第二，“十二五”时期，中国面临重化工业产能过剩的局面，而中国中西部基础设施投资建设仍有巨大增长空间。特别是中西部地区的新农村和城镇化建设，不仅仅是简单的外观修饰，而需要再规划布局。以钢铁工业为例，中央提出要化解产能，从2016年开始，用5年时间再压减粗钢产能1亿~1.5亿吨，行业兼并重组取得实质性进展，产业结构得到优化，资源利用效率明显提高，产能利用率趋于合理，需要加强产品质量和高端产品供给能力提升。我国的钢结构建筑占全部建筑的比例还不到5%，而发达国家普遍在50%以上，国家应制定新的建筑标准，增加新建建筑钢结构和新能源建筑比例，特别是需要加强农村住房建设规划改造，提升农村生产生活品质，“三农”发展是建成小康社会的关键所在。

第三，中国一些轻工产品、食品药品却缺乏公信力，导致出现出国抢购潮。因此，2016年，中央应加大国内消费市场培育和市场监督力度，增强国民消费信心。

第四，“十三五”规划是中国首次把开展生态文明建设列入十个目标任务之一，因此构建新型生态文明产业，加强环境治理力度，也应该成为中国经济结构性改革的重点之一。

后记
AFTERWORD

做成一件事情，需要很多人共同努力。“百名学者前瞻中国经济”大型调查就是如此。自2013年我们开展这项调查以来，已连续做了四年，每年都取得不俗的社会效果和影响力。做为这项调查活动的策划者、组织者和执行者，我对所有为此付出劳动和心血的人们心存感激：

感谢参与调查的百名学者！差不多有60%的学者们是连续参与，这特别让人感动。我们的稿费不高，但没有人在意这一点。当我们的调查问卷发给他们的时候，他们都在第一时间完成答卷，及时发回。当我们需要他们写出两个版本的文字稿，以满足报纸和书籍出版的不同要求时，他们没人嫌烦琐，而是积极配合。可以说，没有他们的积极参与和支持，这台戏就没了主角。感谢他们的真知灼见，像灯塔之光，在每年岁首，为我们拨开全年经济形势的迷雾，照亮前行的道路。

感谢国务院发展研究中心的主任李伟先生！从2013年第一次做这项调查开始，我们的调研报告就获得他的特别待遇，每次他都会亲自改稿，每年他都会把报告呈送给国务院有关领导，领导们每年都会对报告做出重要批示。今年，李主任又在百忙之中为本书写了序言，既发表了他作为一名学者对当前经济形势的看法，也为我们下一步搞好这项工作指明了方向和努力目标。感谢李主任！这既是对我们这项工作的肯定和鼓励，也为我们持续做好这项工作提供了强大动力。

感谢国务院发展研究中心党组成员、办公厅主任余斌先生！同时，作为我们的现任社长兼总编辑，他对这个课题的每个环节都给予了无私的指导和帮助，尤其是为这个活动今年争取到国研中心的资金支持作出重要贡献。感谢报社领导和参与此项活动的所有成员！感谢时任社长兼总编辑刘守英先生和我们的党委书记、副社长王忠宏先生，他们为课题的实施提供了很好的意见和建议。感谢各部门负责人和今年参与向专家学者们约稿采访的30多名编辑记者，他们是：王彧、王南、徐蔚冰、段树军、赵海娟、唐福勇、江宜航、周子勋和曹方超、陈婧、范媛、胡畔、黄俊溢、姜业庆、李海楠、李晓红、刘慧、吕红星、孟庆一、牛福莲、潘英丽、童彤、王晶晶、王静宇、王丽娟、王小霞、张丽敏、张娜、张炜、张一鸣、赵姗等。向专家学者们约稿没有任何报酬，也不计算工作量，但大家没有二话，如期完成约稿任务。感谢总编室的石岩小妹，那些琐碎的问卷收集、统计、整理工作，在她的耐心细致中，完成的那样圆满。感谢财务部的张起荣主任和支媛媛女士，为了本次调查的各种报销，她们频繁地在报社与中心之间往返，从无怨言。

感谢中国发展出版社的包月阳社长，正是在他的提议下，学者们的这些精彩见解才能一改报纸阅读的快餐性，用书的方式延长了存在时间，并得以更好的形式保存下来。感谢出版社的范鹏宇老师，他的认真细致和专业精神，不仅为本书增色不少，也保证了书籍的顺利出版。

还有很多为本书做出贡献的人们，这里不再一一点名，一并感谢！

尽管有这么多人为本书付出心血和汗水，但受水平所限，仍然难免有各种不足，希望您能包容并指正，我们会努力提高自己，下一次，我们一定会做得更好！

李慧莲

2016年7月16日于平西府